学前教育专业规划教材

学前教育
科研方法基础

XUEQIAN JIAOYU KEYAN FANGFA JICHU

主 编 孙亚娟
副主编 杨立红 郭光亮 陈 威
编 委 陈锦荣 李秀芳 和秀梅
吕进锋 李 娜 文 妍

西南师範大學出版社
国家一级出版社 全国百佳图书出版单位

图书在版编目(CIP)数据

学前教育科研方法基础 / 孙亚娟主编. — 重庆：西南师范大学出版社, 2018.6(2022.6重印)
ISBN 978-7-5621-9321-0

Ⅰ. ①学… Ⅱ. ①孙… Ⅲ. ①学前教育—科学研究—研究方法 Ⅳ. ①G610-3

中国版本图书馆CIP数据核字(2018)第104551号

学前教育科研方法基础

XUEQIAN JIAOYU KEYAN FANGFA JICHU

孙亚娟 主 编

责任编辑：翟腾飞
装帧设计：尚品视觉 CASTALY 周 娟 钟 琛 何欢欢
排　　版：贝岚
出版发行：西南师范大学出版社
地址：重庆市北碚区天生路2号
市场营销部：023-68868624
邮编：400715
印　　刷：重庆紫石东南印务有限公司
幅面尺寸：185 mm × 260 mm
印　　张：15.5
字　　数：302千字
版　　次：2018年8月 第1版
印　　次：2022年6月 第3次印刷
书　　号：ISBN 978-7-5621-9321-0
定　　价：39.00元

学前教育专业规划教材

ZONGXU 总序

党的十九大报告指出，我国社会主要矛盾已经转化为人民日益增长的美好生活需要和不平衡不充分的发展之间的矛盾。在学前教育领域，就是人们日益增长的对高质量学前教育的需要和学前教育质量不平衡不充分发展之间的矛盾。目前，幼儿教师的专业性薄弱成为制约学前教育发展的关键因素。为了满足社会对优质学前教育人才的需要，我国必须建立健全应用型学前人才培养机制。2010年，《国务院关于当前发展学前教育的若干意见》中指出“师资队伍不健全”是学前教育薄弱环节的主要表现之一，提出要“完善学前教育师资培养体系”；2014年，《国务院关于加快发展现代职业教育的决定》再次强调：“在学前教育、护理、健康服务、社区服务等领域，健全对初中毕业生实行中高职贯通培养的考试招生办法。”可见，师资培养已经成为当前学前教育发展的重中之重。

教材建设是幼儿教师教育改革的重要环节，直接影响着未来幼儿教师的专业素养。我们立足于学前教育师资培养的实际，着眼于夯实学生的基本理论和基本能力，培养符合时代要求、具有良好专业素养的新型幼儿教师，力求体现时代性、科学性和实践性，组织编写了本套教材。教材的特色体现在以下几个方面：

1. 编写队伍上，阵容强大，经验丰富

本套教材的主编、副主编及参编人员来自各级各类院校、教研机构以及一线名园，长期从事相关专业工作，有着扎实的理论基础和丰富的实践经验。

2.内容选择上，以生为本，适应学情

教材编写强调以学生为中心，融合“教材即学材”的理念，符合职业教育的培养目标与学生的认知规律，适应学生的学习能力和自主学习的需要。

3.呈现形式上，创新模式，易教利学

融入多种板块（如学习目标、学习重难点、知识结构图、案例导入、本章小结、思考与练习）和学习材料（资料链接、人物介绍、拓展阅读），部分学科采取以项目执行的方式来设置教学单元，增强了可读性，易教利学。

4.配套资源上，立体建设，拓展资源

配合教学中的教、学、做、测各环节，采用不同的技术手段，开发了多样的教学资源，具体包括PPT、典型案例、题库、名师名课视频等等，为教学提供全面支持。

总之，本系列教材注意了课程结构，反映了各门课程结构之间的联系和衔接，内容分配合理，既相互联系又相互区别，在帮助学生尽快掌握幼儿教育的基本理论和从事幼儿教育工作所需具备的最基本的技能等方面做了有益的探索。

最后，要感谢参与本系列教材编写和审稿的各位老师所付出的大量辛勤劳动，也要感谢西南师范大学出版社职业教育分社的编辑们对本系列教材的支持和编辑工作。由于编写时间紧、人员能力有限等原因，本套教材还存在一些不足。在使用本教材的教师和学生的关心和帮助下，我们会不断改进和完善这套教材，促进我国学前教育专业的教学改革和课程建设，提高人才培养质量，进而促进学前教育质量的提升。

杨晓萍

2018年6月

QIANYAN 前言

应用型学前教育专业人才培养质量的提升，需依托高质量的专业教材。应用型学前教育专业的教材应该充分考虑应用型阶段学前教育的性质和特点，充分考虑其人才培养方案的内容与要求。

2012年教育部颁布的《幼儿园教师专业标准（试行）》中指出，要重视幼儿园教师的反思和自主专业发展能力，强调幼儿园教师要具有不断进行专业化学习、实践、反思和提高研究的意识和能力。这一要求明确了教研能力是幼儿教师专业能力的重要组成部分，是现代幼儿教师专业化发展的目标之一。因此，幼儿教师的职前教育不可忽视科研能力的培养，应通过相关课程的开设使学生掌握基本的教育科学研究方法，并初步形成一定的教学研究能力。

“学前教育研究方法”是学前教育专业学生必须学习的一门基础性和应用性工具课程。通过学习该门课程，增强学生在学习和工作中的研究意识，使其能在幼儿园教育过程中对一些常见问题开展科学有效的研究，从而进一步提升自身的专业能力。

本书围绕教育研究的基本知识脉络，以学生为本，基于初学者的视角和能力构思框架与内容，重点介绍每一种研究方法的基本知识和操作步骤，以期帮助学生掌握学前教育研究的基本方法，并能在“真实”的教研活动中逐渐形成教学研究的实践性知识。本书共有八个章节，其主要特点如下：

1. 学习目标和内容明确，知识结构呈现清晰。本书每章开头都有“导入语”“学习目标”“学习重点”“知识结构图”作为指南，使学生能在学习之前就充分了解本章的学习内容和要求。

2. 学习模块内容丰富且具有实用性。本书每章都附有“资料链接”“思考与练习”“练习题”“推荐阅读”等模块，有助于激发学生的学习兴趣；结合“幼儿教师资格证考试”的练习题设计，有助于学生巩固所学知识。本书在编写时简化了陈述性知识，突出了过程性实践知识，即侧重告知学生应该怎么去做研究，而不是什么是研究。

3. 章节内容的知识逻辑性较强，注重科研意识的培养。本书注重基本知识的内在逻辑性和关联性，内容编排上能让学生循序渐进地认识学前教育科学研究过程中的每一个步骤，掌握各种研究的一般方法，并能初步形成严谨的科研态度，形成善于、乐于发现“真问题”的科研意识。

本书可作为高职院校学前教育专业学生的教学用书，也适用于应用型本科师范院校学前教育专业的学生，还可作为幼儿教师继续教育课程的教材。

全书由孙亚娟主编，先后有多位师生为此付出心力，大理大学的杨立红博士、和秀梅博士、李秀芳博士、李娜老师，红河学院的吕进锋博士、重庆幼儿师范高等专科学校的陈锦荣老师、重庆市彭水县职业教育中心的文妍老师等皆参与了本书的构思及写作;西南大学的李姗泽教授、重庆青年职业技术学院的郭光亮院长为书稿框架的最终确立出力不少。具体分工如下:孙亚娟、文妍编写绪论,杨立红编写第一、第七章,陈锦荣编写第二章,李秀芳编写第三章,和秀梅编写第四章,吕进锋编写第五章,李娜编写第六章。全书由孙亚娟、文妍、郭光亮统稿。

囿于作者研究视野及水平,本书难免有疏漏或不足之处,恳请同行及读者不吝赐教、批评指正。

编者

MULU 目录

绪　论 ······ 1

第一节　学前教育科学研究的概述 ······ 3

第二节　学前教育科学研究的基本过程 ······ 11

第三节　幼儿教师应具备的教育科研素质 ······ 19

第1章　研究问题的选择与设计 ······ 25

第一节　选题的具体来源 ······ 27

第二节　选题的思维过程与具体策略 ······ 31

第三节　课题研究设计与论证 ······ 38

第2章　文献查阅与文献综述 ······ 51

第一节　文献的概念与分类 ······ 53

第二节　查阅文献 ······ 57

第三节　文献综述 ······ 61

第3章　调查研究 …………………………………………67

第一节　调查研究概述及其基本步骤 ……………………69

第二节　量的调查研究及其实施 …………………………78

第三节　质的调查研究及其实施 …………………………88

第4章　实验研究 ………………………………………103

第一节　科学的实验研究 …………………………………105

第二节　基于教育改革的实验研究 ………………………122

第5章　行动研究 ………………………………………135

第一节　行动研究概述 ……………………………………137

第二节　行动研究的程序与方法 …………………………145

第三节　行动研究在学前教育科学研究中的运用 ………152

第6章　资料的整理与分析 ……………………………163

第一节　定性分析 …………………………………………165

第二节　定量分析 …………………………………………168

第三节　教育统计与SPSS工具的使用 ……………………190

第7章　科研成果的表述与评价 ………………………211

第一节　科研成果的形式与基本结构 ……………………213

第二节　科研成果的写作流程与学术规范 ………………223

第三节　科研成果的评价 …………………………………228

绪　论

苏霍姆林斯基(Василий Александрович Сухомлнский)说:“如果你想让教师的劳动能够给教师带来乐趣,使天天上课不至于变成一种单调乏味的义务,那你就应当引导每一位教师走上从事研究这条幸福的道路上来。”学前教育是基础教育的重要组成部分,加快发展学前教育,提高学前教育的质量关键在师资。“教师即研究者”正在成为教育界普遍认同的共识。因此,学习学前教育研究方法对培养高素质的幼儿教师队伍具有重要的意义。

本章一共分为三小节,为读者建立起一个对学前教育科学研究的整体认识,分别从学前教育科学研究的概述、学前教育科学研究的基本过程、幼儿教师应具备的科研素养三方面进行介绍和描述。

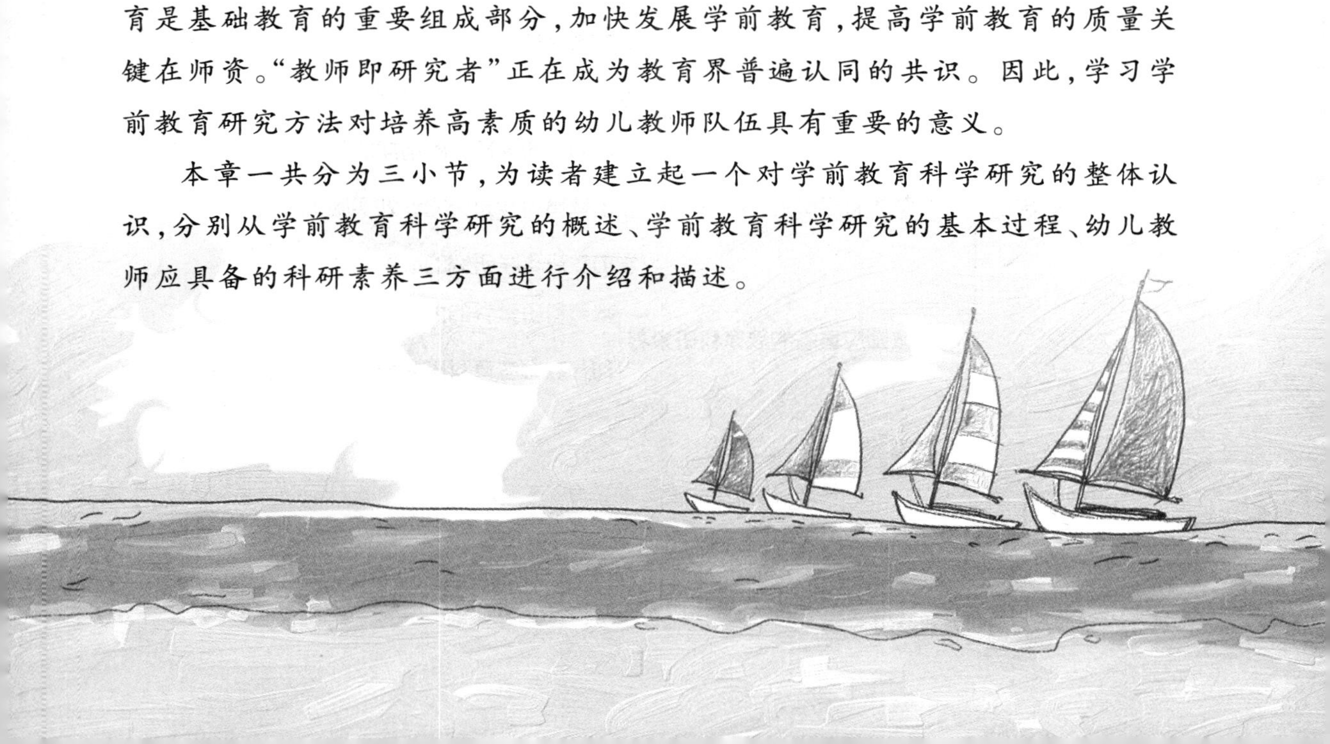

【学习目标】

1. 了解学前教育科学研究的内涵和发展历史。

2. 掌握学前教育科学研究的基本过程，认识学前教育科学研究是一项规范性活动，初步树立正确的学前教育科研观。

3. 了解教育科研素养的内涵，掌握幼儿教师教育科研的养成途径，初步具备幼儿教师教育科研素质。

【学习重点】

1. 掌握学前教育科学研究的基本过程。

2. 掌握幼儿教师教育科研的养成途径，初步具备幼儿教师教育科研素质。

【知识结构图】

- 绪论
  - 学前教育科学研究的概述
    - 学前教育科学研究的内涵
    - 学前教育科学研究的历史发展
  - 学前教育科学研究的基本过程
    - 学前教育科学研究的前期准备
    - 学前教育科学研究的计划实施
    - 学前教育科学研究的成果表述
  - 幼儿教师应具备的教育科研素养
    - 教育科研素养的内涵
    - 幼儿教师教育科研素养的养成途径

第一节
学前教育科学研究的概述

研究者针对幼儿园把“接受学习”置于中心地位的现状，根据学习相关理论和幼儿的心理特征特点，提出从改变幼儿的学习方式入手，以幼儿园大班的43名幼儿为研究对象，采用自然观察法和实验法，研究幼儿“探究性学习”的方法和培养策略及其支持性环境建设，最终得出结论：“探究性学习”有利于促进幼儿认知能力、创新精神、创新能力的发展，有利于提高幼儿解决问题的能力。这种教育实践活动就是学前教育研究。①

一、学前教育科学研究的内涵

随着社会的发展，教育终身化和全民化已成为当代最具影响力的两大教育思潮，学前教育也越来越受到我国政府、社会的重视。提升学前教育质量，关键在于学前教育的师资建设，在于学前教师的专业发展。现代社会要求学前教育教师不仅能针对学前儿童特点科学地开展保教活动，还要成为一名教育工作的研究者，具有针对保教工作中的现实需要与问题，进行探索和研究的专业能力。

（一）教育科学研究的内涵

很多同学可能觉得“科学家”这个职业很神秘，因为科学家是专门从事研究创新工作的。其实，在生活中我们也时时刻刻通过研究来解决问题，比如“我们准备去旅游时，怎样合理规划我们的行程呢？”“天气冷了，加什么衣服合适？”“家中来客人了，应该准备哪些可口的饭菜呢？”等等，只不过上述这些研究行为比较随意，所以我们称其为“日常研究”。《现代汉语词典(第7版)》对“研究”一词的解

① 王丽萍.大班幼儿研究性学习方法的培养[J].楚雄师范学院学报.2007,22(12):77-79.

释是探求事物的真相、性质、规律等。所以,研究是指人们在一定理论的指导下,采用一定的方法,遵循一定的规范,以探究事物的性质和规律的活动。

教育部给"科学研究"定义为:"为了增进知识包括关于人类文化和社会的知识以及利用这些知识去发明新的技术而进行的系统的创造性工作。"科学研究是以脑力劳动为主的认识活动,对一些现象或问题经过调查、验证、讨论及思考,然后进行推论、分析和综合,来获得客观事实的过程,其一般程序大致分为:选择课题、研究设计、收集资料、整理分析、得出结果这五个阶段。由于科学研究的成果必须对原有的某一方面的知识有所增加或改造,所以科学研究具有一定的创造性。

教育科学研究是科学研究的一种,也是科学研究在教育科学领域中的具体体现。教育科学研究就是研究者在一定的教育理论和科学研究理论的指导下,运用科学研究的原理和方法,有意识、有目的、有计划地对教育现象和教育实践中的事实进行了解、收集、整理和分析,从而发现和认识教育现象的本质和规律,指导教育事业发展和教育工作的开展。从某种意义上来说,教育领域的任何进步都应归功于研究,没有研究便没有所谓的进步。研究为教育的发展提供方向和依据,是教育发展的基础,也是衡量一个国家教育发展水平的重要标志。

对于教育科学研究,可以从三个方面来理解:

第一,教育科学研究是教育研究工作者对有关的教育现象及教育实践中的事实进行的一种有目的、有计划的认识过程。研究的主体是教育研究工作者,可以是专职的研究人员,也可以是一线的管理者、教师等;研究的客体是有关的教育现象或教育实践中的事实;研究的实质是一种有目的、有计划的认识过程。

第二,教育科学研究的目的是要探索和发现教育实践中带有普遍性即"规律性"的东西,并试图通过对教育领域的规律的认识,更好地指导教育实践。

第三,教育科学研究要运用科学的方法,其中包括要根据研究目的和任务,科学选用适宜的方法,研究的过程要遵循科学的程序,始终坚持实事求是的态度等。教育科学研究只有运用科学的方法,得到的结论或认识才可能是正确的,也才可能具有实践指导意义。①

(二)学前教育科学研究的内涵

学前教育科学研究是研究者以科学的理论背景为指导,运用科学的研究方法,有目的、有计划地对学前教育的现象和问题进行探究,揭示学前教育活动的

① 张宝臣,李兰芳.学前教育科学研究方法[M].第二版.上海:复旦大学出版社,2012.

本质和规律，解决学前教育实践中的问题，丰富和发展学前教育的理论，提高学前教育质量的一种活动。

学前教育科学研究来源于幼儿园教育教学实践的需要和幼儿园教育教学研究的理论需要。在我国，学前教育通常是指针对0~6岁儿童所实施的保教活动。根据场所的不同，可以将学前教育形态划分为家庭教育、社区教育、托儿所教育（3岁前）和幼儿园教育（3~6岁）。学前教育科学研究有广义和狭义之分。广义的学前教育科学研究涉及上述各个方面的教育场所，包括学前儿童发展研究和学前儿童教育研究两部分。学前儿童发展研究是指对学前儿童在身体、心理、社会能力等方面的发展状况和发展规律进行的研究。它着重帮助人们理解学前儿童发展的本质和过程，为学前教育提供科学的依据。学前儿童教育研究是指对学前儿童教育的过程、内容、方法及效果等进行的研究。它强调在一定的科学理论和原则的指导下改善教育的手段和效果，促进学前儿童的发展。狭义的学前教育科学研究只侧重于托儿所和幼儿园两种机构的教育，仅指围绕学前儿童的教育问题开展的研究。

学前教育研究的含义主要体现在以下三个方面：一是研究者应遵循科学的态度，必须掌握科学的理论和方法，这样才能获得正确的认识。二是研究必须要有计划、有目的，严谨有序。因为学前教育研究不是随意的实验，而是对学前教育现象和问题进行深入的了解和分析。三是研究的目的在于发现和认识学前教育现象的本质和客观规律，旨在发现新事物的认识过程，改善和提高学前教育质量，促进学前教育健康和谐的发展。①

二、学前教育研究的历史发展

在教育研究领域里，研究者都必须对其研究领域的历史发展轨迹进行了解，要总结教育的历史经验，研究教育领域内存在或出现的理论问题和现实问题，预测教育的发展趋势，并对国内外的教育现状进行比较，从而揭示教育发展的规律，建构教育理论体系，更好地指导教育实践。

1879年，德国心理学家威廉·冯特（Wihelm Wundt）在莱比锡大学创建了第一个心理学实验室。这一举措引起了广大教育界人士的关注，他用自然科学研究手段这个全新的视角来研究教育，对学前教育的研究起到了榜样的作用。实验教育法运用观察、统计和实验的方法来研究、解释教育现象，获得对教育的科学、

① 由显斌，左彩云.学前教育研究方法[M].北京：高等教育出版社，2010.

正确的认识，为教育的科学化、教育研究的现代化提供了有意义的科学工具，也是教育研究在方法论上的一大进步。

德国儿童教育家福禄贝尔（Friedrich Wilhelm August Fröbel）（见图0–1）被称为“学前教育之父”，他创立了世界上第一所“幼儿园”后，人们开始不断地对幼儿教育的理论和实践加以探讨，从此幼儿教育学从教育学中分离出来。同时，幼儿教育受到实验心理学和实验教育学思想的影响，心理学家和教育学家纷纷把研究目光转向幼儿教育领域，运用实验的手法进行各种研究，而且受益匪浅。许多教育学家因此而获得众多的研究成果，进一步推动了儿童教育研究的开展。

图0–1　福禄贝尔

【资料链接】

福禄贝尔对“游戏”的研究

福禄贝尔于1782年4月21日出生在德国乡村，其父是位虔诚的牧师，育有子女五人，福禄贝尔是他最小的孩子。十七岁时，他进入耶拿大学哲学系学习，两年后因为无法缴纳学费而失学。1805年他在报纸上看到裴斯泰洛齐（J.H.Pestalozzi）办平民学校，就去瑞士参观裴斯泰洛齐的学校之教法。回来后到模范学校教书，收了14名儿童（9至11岁），按照裴斯泰洛齐的主观教学法，每周一次带儿童到郊外让儿童自由玩耍，特别引导他们接近大自然，挖土、栽培植物。有时带他们到山坡去看四周的河流、山脉，教导他们认识地理，分辨东西南北。由植物的生长认识生命和造物主的伟大；由栽培花草、树木来培育儿童的爱心；由图画的教学来启发心智，认识线的平面关系、立体的空间关系，由简单进入复杂，让幼儿去发现和了解……这些教学法获得了大家的好评，这增加了他的信心去研究卢梭《爱弥儿》的教学法——“经验来自儿童”。他思考裴斯泰洛齐、卢梭和亚里士多德的教育，开始从哲学层面思考——教育是什么？基础教育是什么？理想的教育是什么？人的本质是什么等问题。[①]

① 张翔升.学前教科研方法与研究性学习[M].上海：华东师范大学出版社，2014.

意大利幼儿教育家玛丽亚·蒙台梭利(Maria Montessori)(见图0-2),是意大利历史上第一位学医的女性和第一位女医学博士,也是教育史上一位杰出的幼儿教育思想家和改革家。1907年,她在罗马圣罗伦斯区成立了第一个“儿童之家”,招收3~6岁的儿童进行教育。并开始了系统的教育实验,她根据儿童对不同的感官刺激存在不同敏感期的原理,将感官训练分为触觉、视觉、听觉等训练,每种训练单独进行,设计出一套教材和教具,提出一系列的方法,创立了闻名世界的蒙台梭利教育体系。蒙台梭利认为,教师的首要任务是要用科学的态度和方式去观察、研究“自然的儿童”,教师应成为儿童自我发展的“援助者”、优异环境的“创造者”,积极地引导儿童,给儿童提供活动的环境和作业的教具,使儿童能够通过自己的作业达到自我发现和发展。教师自己也要不断完善自己,以自己的完美形象作为儿童自我教育的榜样。1909年,蒙台梭利出版了《蒙台梭利方法》(原名为《应用于儿童之家幼儿教育的科学教育方法》),她将自己的研究结果、独创的教育方法向全世界推广。她提倡用科学的方法了解儿童,只有了解儿童,才能教育他们。教师必须培养自己观察儿童的愿望和能力,才能理解和追随儿童的成长。蒙台梭利设计了《儿童心理观察指南》,要求详细观察儿童的学习、行为、意志力和自律能力等。蒙台梭利的教育研究方法和指导无疑为幼儿教育者提供了一个科学的借鉴,为后人研究儿童提供了有意义的启示。

图0-2　蒙台梭利

陈鹤琴先生(见图0-3)被誉为“中国现代儿童教育之父”,他创办的南京鼓楼幼稚园,是中国第一所幼儿教育实验中心。1920年,他在妻子的帮助下开始对自己的儿子陈一鸣进行跟踪观察研究(见图0-4),用文字和摄影的方式记录了其儿子身心变化和对各种刺激的反映,从中累积了大量的资料,为后人了解儿童身体、动作、能力、情绪、言语和绘画等方面的发展规律提供了最生动的素材。1925年。他根据教学、研究、观察、实验中所积累的材料,写成《儿童心理之研究》,陈鹤琴不仅用观察法研究儿童,还通过大量的实验总结幼儿园的课程,整理出一套行之有效的方法。1927年,他将其成果发表在《幼稚教育》杂志上,这是具有中国特色的研究儿童心理的最早成果之一。陈鹤琴先生在科学研究方法上的尝试和在创立幼稚园的过程中将研究同时开展起来的做法,在中国是史无前例的,为后人开拓了研究的天地。从此时开始,中国的学前教育研究逐渐崛起。

图0-3 陈鹤琴

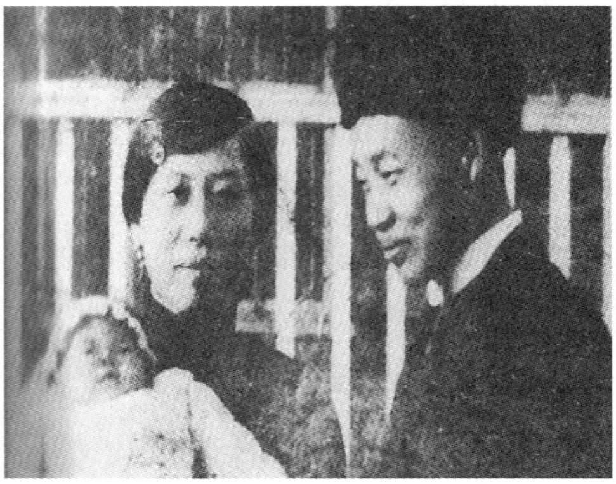

图0-4 陈鹤琴一家

拓展阅读

陈鹤琴家教故事

蟾蜍，你好吗？

有一天，阳光和煦，陈鹤琴同一鸣（一岁十个月）在草地上玩耍，他们一起观赏花草，识别昆虫，玩得兴致勃勃。突然，有一只大蟾蜍蹦了出来，一跳跳到一鸣跟前。这只蟾蜍长得特别大，一鸣以前从没有见过这么大的蟾蜍。他脸上顿时露出害怕的神色，举起手来向后退，并且喊叫说："咬！咬！"陈鹤琴走过去，从地上拾起一根小草棍，轻轻地去刺着那只蟾蜍说："蟾蜍，你好吗？你也来同我们一起游戏吗？"一鸣见爸爸在同蟾蜍说话，也就凑了上来，后来，他接过爸爸递给他的草棍也去刺刺蟾蜍，起初一触就缩回，仍显出有些怕的样子，但慢慢地他就平静下来，不再像当初那样害怕了。

我们也来拍手

一鸣一岁三个月时，有一次，陈鹤琴带他去看小学生演戏。剧场里有30多个小学生，戏演得很精彩，看节目的人常常兴奋地齐声鼓掌。陈鹤琴想，这个当儿小孩子一般会产生惧怕的心理的，所以他一抱一鸣进门，就笑嘻嘻地对他说："你看，这儿有这么多的小孩子！"后来，当戏演得十分精彩时，陈鹤琴预料观众一定会鼓掌，就先对一鸣说："我们也来拍手。"一鸣一听见小孩子鼓掌，也就欢欢喜喜地鼓起掌来。

汽车倒翻哉!

在一鸣一两岁的时候,每逢乌云聚集雷电交加的天气,父母总是带他到屋檐厂、露台上用手指着云对他说:"这里像一座山,那里像一只狗,这是狗的尾巴,那是狗的耳朵。"又指着闪电对他说:"这闪电像一条带,多么好看!"于是一鸣也很快乐地用手指指点点,看云看电,对雷鸣电闪毫不惧怕了。平时,一鸣走路若跌跤了,父母总让他自己爬起来,即使跌破了也不大惊小怪。他稍大一些学骑三轮小车,偶尔车子倒了,人也翻倒在地,父母并没有对他说什么,他也会慢慢地爬起来,嘴里说一句:"汽车倒翻哉!"然后扶起车子重新骑起来。

陈鹤琴认为:小孩子的胆子不大,勇敢不勇敢,主要看做父母的是怎样教的。小孩子的许多不必要的惧怕,大部分是由父母的暗示养成的。若要小孩子胆大,一方面做父母的应当以身作则,另一方面要施行良好的教育。你的孩子勇敢吗?你一定希望自己的孩子是一个大胆勇敢、心理健康的人,是吗?那么,让我们用行为和言语去影响他们,用故事、影视和现实生活中的勇敢行为和人物去激发他们。让孩子克服恐惧,学做一个勇敢的人。[①]

我国的教育研究开始是以引进西方发达国家的教育思想为主,虽然取得了一些成绩,但新中国成立初期全搬套用苏联经验、教条主义,带来了一定的消极因素。我国学前教育研究演进过程中主要存在以下问题:一是观念落后。过分对经典著作的诠释,过多地引用专家的观点,在思维形式上崇尚中庸、求同、整体划一,缺少创新意识,过多地强调经验,研究往往是表面的、浅层的,难以深入事物的内部结构和内在规律。二是各类型各层次研究尚处在较低水平。对学前教育基本事实的研究仍然停留在经验型主观臆断上,缺乏对教改实践中取得的丰富经验进行系统深入的整理和概括。学前教育基本理论的研究不够深入系统,理论对教改实践的指导不够。三是结合国情研究不够。学前教育本土化、民族化不够深入,偏重对国外新名词的采用,直接效仿国外的做法,从而缺乏结合国情的可行性分析。例如,没有考虑我国学前教育的物资条件、班额、师资状况等,对我国传统先进的幼教做法一概视之为旧的、过时的,一律排斥。由于理论的局限造成实践的盲目与混乱,教师忙于赶潮流,频繁应付形式上的改革。我们应该客

---

① 陈虹.《陈鹤琴家教故事》(之六) 学做勇敢的人[J].早期教育.1994(06):12.

观、实事求是地认识和分析国内外幼儿教育理论与实践，丰富中国的学前教育理论体系。四是学前教育研究领域行政干预过多，我国幅员辽阔，各地情况差异较大，但整齐划一的模式却较多，以统一指令的方式推行某种新的改革的做法比较普遍，百家争鸣不够。五是幼儿教师的研究能力亟待培养和提高。一方面，幼儿教师在学前教育的第一线工作，最了解学前教育的需求，最清楚为了推进学前教育改革，需要研究什么。教师在自己的教育实践中积累了许多教育的经验，有大量教育感性认识，便于开展现场研究，同时也便于将研究成果应用于实践，并在实践中加以检验。可以说，只有广大幼儿教师积极参与学前教育研究，才能使学前教育研究成为推动学前教育改革和发展的一个巨大动力。另一方面，我国幼儿教师的文化水平整体偏低，过去是以中专学历的幼儿教师为主体，现在城镇幼儿园教师的学历才刚刚达到大专为主体的水平，而且多数是函授毕业，这与发达国家幼儿教师的学历以大学本科和研究生为主相比，差距较大。六是对幼儿教师的研究培训不够，尤其是针对幼儿园的实际指导不到位。目前，我国多数幼儿园研究的课题主要来自幼儿园实际面临的突出问题，研究的主体是幼儿园中的教师，研究的结果直接用于幼儿园实践。但许多幼儿园还不知道怎样研究，他们希望专家把每一步怎么走都部署得很清楚，可见提高幼儿教师的研究能力势在必行。①

总之，学前教育研究经历了一个不断发展、引进、创新和完善的演进过程。在新方法引进和出现的同时，原有的方法也同时得到了改进、充实和完善。新旧方法的相互补充，共同促进了教育研究的发展。方法本身并无优劣好坏之分，它们的长处和弱点都是相比较而言，都是针对解决某种理论问题的。教育理论家在研究教育问题时，并不是孤立地运用某一种方法，而是以某一种方法为主，同时兼容并蓄、综合交叉地运用各种研究方法。

思考与练习

1. 什么是研究？教育科学研究的含义是什么？
2. 简述学前教育科学研究的含义。

① 张燕，刑利娅. 学前教育科学研究方法[M]. 北京：北京师范大学出版社，1999.

第二节
学前教育科学研究的基本过程

有一个聪明的孩子患有多动症，在幼儿园和家中常常惹人生气。家长带孩子去过很多医院治疗，但孩子的毛病都没有得到解决，因而家长非常苦恼。后来，孩子所在的幼儿园开展科研活动，一位幼儿教师选择了"多动症幼儿个案研究"这个课题。教师开始关注这个孩子，查阅了大量的相关资料，制订了研究计划，还经常单独与这个孩子做游戏、谈话，安排孩子独立完成一些任务，并对这个孩子进行日常观察、训练和记录，给孩子以必要的矫正和治疗。经过几年的研究，这个孩子多动的问题不见了，教师的研究能力也大大提高了。

这个实例启示大家，作为优秀的幼儿教师，在日常工作中要善于发现问题和解决问题，通过课题研究，掌握选择研究问题的、分析文献资料、设计研究方案、开展研究活动和撰写研究报告等的能力。教育研究需要研究者对研究活动进行全面规划，构建研究的框架，设计研究的过程。所以本节主要介绍学前教育科学研究的基本过程。

一、学前教育科学研究的前期准备

科学研究是永无止境的，就某一项具体的研究来说，研究始于对问题的思考和假设，选择和确定研究问题时一般要解决"研究什么和为什么研究"这两个问题。

（一）提出问题

研究始于问题，并始于对问题的不断追问。对于学前教育工作者来说，发现有价值的问题，是成功开展科学研究的前提。爱因斯坦曾说过："发现一个有价值的问题比解决十个问题更有价值。”所以，世界上有很多著名的研究者和他们所发现的研究问题一直推动着人类文明的发展，比如牛顿与苹果、巴甫洛夫与狗、鲁班与野草、詹纳与牛痘等等。

作为学前教育工作者，我们可以在保教工作中去寻找有价值的研究问题，如“刚上幼儿园的小朋友常常会哭闹”这个现象，我们就可以提出“为什么刚入园的幼儿会常常哭闹？”和“怎样能有效缓解这种现象呢？”两个疑问进而可以提出“小班幼儿入园哭闹原因及对策研究”这个课题。只有我们善于捕捉教育教学工作中发生的现象并提出问题，我们才能明白我们要解决的问题是什么。研究的实质就是解决一个理论问题或实践问题，并对问题做出合理的解释。

在提出问题的过程中，我们应该注意以下几个方面：第一，选择的课题必须是一个有待于解决、验证或回答的问题。例如，有教师把“在游戏中培养3~6岁儿童的数感”作为研究课题，由于这个题目本身不具有问题性，因此也不能对它进行问题的解决、验证和回答，所以它不能作为一个研究课题。第二，选择的课题宜小不宜大，要小题大做，不能大题小做。例如“游戏对幼儿行为习惯影响的研究”这个题目往往太大，让老师们无法下手，但是如果把题目改成“表演游戏对大班幼儿行为习惯影响的研究”这样就比较确切一点，课题具体了，研究的范围就缩小了，对研究者来说就比较容易操作了。第三，课题的表述要精准，一般题目的内容要包括研究的问题、研究的对象、研究的方法三个部分。例如“幼儿教师职业幸福感的调查研究——以某某县为例”，研究的问题是“幼儿教师职业幸福感”，研究的对象是“某某县的幼儿教师”，研究的方法是“调查法”。有些课题的表述中可以不写研究方法，但研究的对象和研究的问题必须要写清楚。

【资料链接】

选题的思维策略

研究者要在别人发现不了问题的地方发现问题，确立有价值的研究课题。这一方面要求研究者拥有丰富的知识基础和一定的研究心得；另一方面还要求研究者能够突破传统的思维模式，采取“求异思维”“逆向思维”“移植借鉴”“缺点发现”等多种思维策略，选取多个思维起点，从不同的角度对信息进行综合、分析、比较，选取最佳课题。

1. 求异思维法

所谓求异思维，就是求新求异、广开思路、打破常规、全面思考、立体分析，揭示事物新奇、独特、深刻的一面，发现题眼，找“不同”、找“亮点”、找“闪光点”。例如，有的研究者研究的“注意识字，提前读写”，就是突破了先识字、后读书，不识字就无法读书的传统看法，创造出的一种把汉字教学与语音教学结合的新方法。可见，作为一名研究者必须有一定的主见，不能人云亦云，这样才能在学术上有所创新。

2. 逆向思维法

逆向思维法就是指为达到一定目标，从相反的角度来思考问题，从中引导启发思维的方法。面临新事物、新问题的时候，应该学会从事物的不同方面、不同角度分析研究新事物、解决新问题。中国古代有“曹冲称象”的故事。曹冲没有按照通常思路考虑如何直接称象，而是反过来考虑大象的等重量物——一堆石头。这是一个很好的逆向思维法的事例。

3. 移植借鉴法

运用已有的知识和经验，把甲事物中的优势移植到乙事物中去，同时进行对照、借鉴、取长补短或吸取教训，加以改进，形成新的优势，找到解决问题的方法。

首先，研究者必须要有敢于变革的精神，吸取精华。不敢打破常规，不具有创新思维，是永远无法取得变革的，思想的借鉴和发展是艰苦的过程，但是必须要有迈出第一步的勇气。其次，借鉴他人思想要有选择性，不能全盘通吃，应取其精华，去其糟粕。

4. 缺点发现法

缺点发现法是根据现有事物的不足，经过分析研究，提出改革或完善的思维方法。寻找缺点，实际上就是发现问题的过程，而创造发明就是要解决现存的问题。因此，发现问题是解决问题的前提。例如，现在幼儿合作能力普遍较差，幼儿园教师大多也没能有意识地培养幼儿的合作能力。根据这个缺点，可把“幼儿园如何培养幼儿的合作能力”确定为研究课题。

用缺点发现法进行课题研究，一般包括四个步骤：第一，找出要研究的课题；第二，确定与课题有关的信息；第三，分析、研究确定的信息，找出缺点；第四，针对一个或多个缺点提出研究实施方案。①

（二）查阅资料

因为任何研究都要在前人研究的基础上开展，故确定选题后，研究者需要大量查阅和分析文献资料。查阅相关的文献，可以更全面地了解研究课题已有的相关信息，还可以了解前人或他人对相关问题的研究已经取得了哪些成绩，还存在哪些问题和不足，吸取前人的经验教训，避免走重复不必要的弯路；学习借鉴他人研究所运用的方法，并在其研究的基础上做进一步研究；在对课题中的关键概念的界定时，要尽量引用较权威的定义，从而为科学论证自己的观点提供丰富的、有说服力的依据。

文献即记载情报信息和知识的载体，与学前教育研究有关的教育文献主要分布于书籍、报刊、教育档案、电子信息检索系统之中，通过与本专业或相近专业的研究人员、学者进行交谈、交流，也可以获取相关研究信息。

查阅文献有很多种方法，为节省时间与精力，研究者可首先查索引、看文摘、阅读文献综述，然后按图索骥从中查找与自己研究有关的重要资料，并于读后做出摘要或记录，最后写出文献综述。

【资料链接】

学前教育推荐文献

1. 工具书类

（1）《教育大辞典》，顾明远主编，上海教育出版社，1990~1992年版本。

（2）《儿童心理百科辞典》，邵道生主编，内蒙古人民出版社。

（3）《中国学前教育百科全书（共4卷）》，教育理论卷（梁志毅主编）、心理发展卷（陈会昌主编）、健康体育卷（万钫主编）、学前教育卷（祝士媛主编），沈阳出版社。

① 杨世诚，李培胜，隋立国，等.学前教育科研方法[M].第二版.北京：科学出版社.2011.

2. 学前教育报刊类

(1)《学前教育》,北京市教育委员会主管,北京教育音像报刊总社主办。

(2)《学前教育研究》,由中国学前教育研究会和湖南省长沙师范学院联合主办。

(3)《幼教园地》,山东省教育厅主办,山东教育出版社发行。

(4)《中国幼儿教育周刊》,由教育部主管,中国教育报刊社主办的国家级报刊。

(5)《幼儿教育》,分为教师版、家庭版和教育科研版,浙江教育报刊总社主办。

3. 学前教育研究网站类

(1)中国学前教育网。

(2)中国幼儿教师网。

(3)山东学前教育网。

(三)制订研究计划

研究计划是在对教育研究进行设计的基础上对整个研究过程的全面规划和对各项工作的总体安排。它是指导实施教育研究的蓝图,对课题研究起着导向、调控与激励的作用。

研究者制订的研究计划主要包括研究题目、提出课题(课题来源及选题意义、国内外文献综述、研究范围、研究假设与目的、可行性分析等)、课题研究的内容、课题研究的方法、课题研究进度及人员分工、研究经费预算及仪器设备的购置等。

在研究工作开始后,研究者也许会发现原计划某些地方不符合当前的实际情况,这就需要对原定计划进行调整。一方面要尽量尊重原定计划;另一方面也要从实际出发,把计划性和灵活性有机地结合起来。

二、学前教育科学研究的计划实施

研究计划制订后,就要在实际中去实施,研究者要根据计划的安排,科学地展开研究活动,收集相关的资料。计划实施的过程是否顺利取决于研究者事先是否制订出了周详、严密、完善的研究方案,并且研究者必须严谨地对待研究方案的实施过程。因为整个研究工作是否成功关键在于收集的材料是否具备真实可靠性和科学性。

（一）实施研究计划

研究计划的实施是把研究方案付诸实践的过程。在这一阶段，课题负责人必须按照人员的分工细化工作流程，克服工作中的障碍，根据研究方法的特点选择最合适的途径进行探索。比如研究幼儿在游戏活动中合作的情况，在进行观察研究时主要把握观察的时机——幼儿进行角色游戏时，选择合适的观察地点——比如娃娃家，并在观察前对观察者进行培训等等。可以说，研究方案在研究实施过程中只起引导性和规范性的作用，很多部分需要调整和细化，这也是考验研究人员研究素质的时候。如同样是发放问卷，一些人就能很好地调节控制被调查对象的答卷情绪，提高问卷的信度；相反，有的调查人员会因自己的疏忽造成调查的失败，不仅浪费了时间、金钱，还很有可能损失了调查样本和机会，使整个研究不得不中止。因此，掌握熟练的研究技能、强化研究修养、理解研究方法的本质，对一个研究者来说十分必要。

（二）整理分析研究资料

科研资料分为外部资料和内部资料。外部资料要通过学习书籍、报纸、期刊、学术会议资料汇编等方式获得，由此可以看出学前教育科学研究的全过程必须伴随学习的全过程。内部资料是反映自身在实际研究过程中通过观察、调查、测量等手段获得的事实资料，这是研究的最宝贵资料，也称为“第一手材料”。研究者在实施研究计划、撰写研究报告之前的这一阶段，主要的工作就是收集、整理和分析研究资料。在这一过程中，研究者要认真地对各种资料进行记录、选择和分类，同时，为了便于对材料进行分析研究，还要把收集来的材料根据研究任务和材料的不同性质，采用核对考据、挑选淘汰、汇总统计加工等方法进行整理。学前教育研究的主要任务是从表面上杂乱无章的现象中，通过偶然的、零乱的现象去看清事物的面貌，发掘和研究被掩盖了的规律，认识和掌握事物的本质。为了完成这一任务，就需要对经过整理的事实资料进行分析研究。当前教育科学研究的一个重要特点，就是强调定性研究和定量研究的结合，数量资料和非数量资料的结合，为此，在研究资料的分析中，要注意采用统计分析和逻辑分析两种方法。统计分析是把大量的、散乱的数量资料，依据统计的理论和思维方式，对它们进行描述和推断，将研究对象的本质特征揭示出来。逻辑分析是运用抽象和概括、归纳和演绎等方法，对丰富的现象资料进行思维加工，从而去粗取精、去伪存真、由此及彼、由表及里，达到认识事物本质、揭示规律的目的。①

三、学前教育科学研究的成果表述

大学生毕业论文成果的表述可以说是对整个学习生涯的一项自测，随着学前教育改革的不断深入，幼儿园教育将朝着强化科研的方向发展，所以毕业论文的撰写是大学毕业生必须具备的能力之一，是学生研究能力和写作能力的一次检阅，也是学生以后从事教育科学研究，提高学校教育教学质量的基础。

教育科学研究中的成果表述关系到研究结果的准确性和科学性，所以正确和完整地表述教育科学研究的结果，是教育科学研究的一个重要环节。专著、译著、工具书、计算机软件、论文、研究报告等都是它的成果表述形式。

（一）撰写论文

撰写研究报告是指研究者把研究的过程及取得的研究成果以文字的形式表达出来。

毕业论文的撰写要结合上述书中提到的提出问题、查阅文献、制订计划、实施计划、整理分析研究资料等这几个过程，也就是先提交开题报告，然后在论文指导教师的指导下按照规范的格式撰写论文，并反复修改。在撰写时要做到论点鲜明、论据充分、论证翔实、结论科学、语言简练流畅、概括性强、表意准确等，并且要坚决抵制“学术不端”现象的出现，严禁抄袭和弄虚作假。

（二）评价研究成果

任何一项研究成果都要经过最后一项结题评审的工作，而对于毕业论文而言，毕业论文的答辩会就决定着你的研究成果是否能被认可通过。

毕业论文答辩是一种有组织、有准备、有计划、有鉴定的比较正规的审查论文的重要形式。它由专门的答辩委员会或答辩小组组成，是评定审查毕业论文成绩的重要组织保证。在答辩时，老师会针对研究者所研究的内容进行提问，学生要熟悉自己的论文内容，明确论文中的基本观点和主要论点的主要依据，弄懂论文中所使用的主要概念和确切含义，并要掌握与自己所写论文相关的背景知识和材料，要有翔实的论证材料等，能就老师所提出的问题进行解释和辩论。这样的评价形式可以有助于学生清楚自己的论文中存在的薄弱环节和不确切的地

① 张宝臣，李兰芳.学前教育科学研究方法[M].第二版.上海：复旦大学出版社，2012.

方，从而做出相应修改。

以上就是学前教育科学研究的基本过程（见图0-5），它是按照科研程序的顺序进行的，研究工作必须一步步地按部就班进行，也可以根据研究过程中的实际情况做出适当的调整。

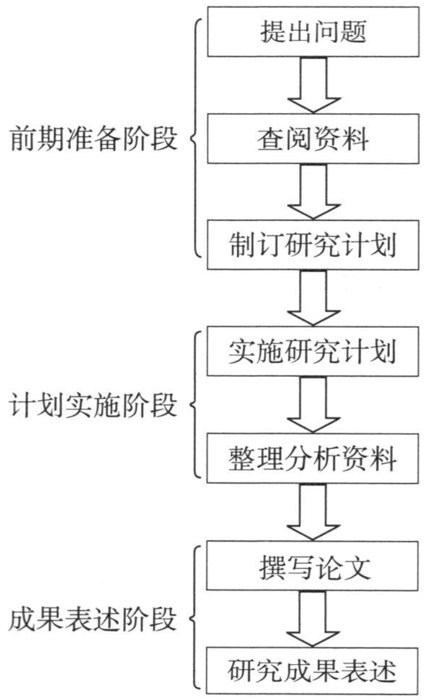

图0-5　学前教育研究的基本过程

思考与练习

1. 学前教育科学研究的基本过程有哪些？

2. 在提出问题的过程中，要注意什么问题？

3. 以下课题名称，哪些表述比较准确，具有可操作性？请说出理由。

（1）×××幼儿园办学体制改革的调查。

（2）浅谈幼儿园教师队伍建设。

（3）园长素质的调查研究。

（4）3～6岁幼儿早期阅读教育的实践研究。

（5）少数民族聚居地区幼儿园普通话教学现状与建议。

（6）消除2～3岁婴幼儿分离焦虑的策略研究。

第三节 幼儿教师应具备的教育科研素质

随着幼儿园园本研究的深入开展，教育科研素质已经成为现代幼儿教师的必备素质。没有一定科研素质的幼儿教师无法建构自己的实践性智慧，无法实现“师幼互动中教师和幼儿的共同发展”，也无法真正实现学前教育质量的提升。

一、教育科研素养的内涵

教育科研素养是一种比较稳定而持久的，影响教育教研工作效率的心理品质。教师的科研素质包括科研意识、科研道德、科研理论和科研能力等多个维度。幼儿园教师应具备的教育科研素质包括教育科研心理素质（科研意识、科研兴趣、坚定的意志品质等）、教育科研理论素质、教育科研实践素质（选题、立项、撰写研究方案、课题组织与管理、数据的统计与分析、成果总结、成果推广等方面的能力）和教育科研教育素质（承担培训）等方面。

教育科研素养是幼儿园教师专业素质的重要组成部分。幼儿园教师教育科研素养是指幼儿园教师（包括从事幼儿教育工作的教师、园长等在内的一线幼儿园教育工作者，不包括保育员、保洁员等）为适应和满足幼儿园教育科学研究工作需要而必须储备的各种素质和修养。[①]

① 吴颖，崔玉平．幼儿园教师教育科研素养的调查分析[J]．教育学术月刊，2016(12):78-85.

【资料链接】

在一次教师教育会议上，来自不同国家的学者几乎都谈到了同一个话题，那就是教师的流失和职业倦怠。这个现象在我国幼儿教师中表现也很明显，带着这个问题，我接触了一些优秀的幼儿教师，他们大部分是园中领导或者教学能手，也有教学名师和学科带头人，相对而言，他们在幼儿园的工作很愉快，为什么这些人能够成为大浪淘沙后的金子呢？访谈的结果是：他们都把对儿童的教育研究作为自己发展的动力，并以此为思路设计了自己的专业发展道路。

小琴是来自晋西北的一名幼儿园教学科研室主任。我们相遇在一次幼教科研结题会议上，她的课题做得很成功，受到了省厅领导和专家评委的一致称赞。她不仅是省级教学能手，还是省级名师，她的名师工作室活跃着一群和她志趣相投的朋友，一起科研攻关、一起唱歌爬山，烂漫的生活像辉煌的事业一样激情四射！

我还认识一个叫宝姝的大学教师，在某高校担任重要行政职务，同时又是幼教界出名的游戏活动研究专家。年纪轻轻的她已经主持和参与过四项幼教研究课题，目前正在研究的还有两项，我见到她时，她正准备出版自己的第五本书。她10年前是一位幼儿园教师，因为科研，她的专业不断精进，5年前她又步入高等学府深造，攻读了研究生。扎实的实践基础和丰富的幼儿教育经历，加上不断钻研和创新的科研精神，使她的事业如日中天。其实，在学前教育界，有着和她相似经历的高校教师不在少数。

正如裴跃进先生在《教师品质修养》一书中所言：作为一名教师，在持有一份人格自由、选择自由的同时，恐怕还得有个不约而同、殊途同归的期望与追求——内在品质的提升与完善，这既是职业进步的基本诉求，也是个体价值彰显的主要使命。研究可以让幼儿教师接近儿童纯真的心灵，让他们厌恶虚假和抛弃粗糙，养成尊重事实、追求真理的“真”精神；研究还能使他们懂得合作的重要性，学会人际交流沟通的技巧。一句话，研究会使幼儿教师的品质不断提升，使幼儿教师的职业生涯熠熠生辉。

（资料来源：张翔升《中国教育报》2012年5月8日第2版）

二、幼儿教师教育科研素养的养成途径

(一)不断增强教育科研意识和道德

教育科研意识是指幼儿园教师开展幼儿教育科研活动的心理准备和探究意识,包括幼儿教育科研价值观、态度、兴趣和意志等,是正确开展幼儿教育科研的前提条件,反映了教师积极追求和探索幼儿保育和教育方法的心向,潜心捕捉和发现研究问题的欲望和需求;教育科研道德是指幼儿园教师在幼儿教育科研活动中所表现出来的坚持真理、善于探索、坚守规范、严谨治学、敢于创新以及善于沟通与合作等一系列非智力因素的总和,是持续开展幼儿教育科研活动的行为保障。①

教育科研意识和道德分别是幼儿园教师开展教育科研活动的前提条件和保障,需要幼儿教师自觉养成教育科研兴趣、主动参与教育科研活动,从而推动和保障幼儿园教师形成良好的教育科研素养。教育主管部门和幼儿园领导还应遵循教师专业发展规律,关注不同年龄、不同编制、不同职称以及不同园所性质的幼儿园教师职业发展需求,根据个体特征和职业生涯发展阶段,提供个性化科研引导与服务,尽力满足其专业发展需求。②

(二)培养教育科研能力

教育科研能力是指幼儿园教师自觉运用幼儿教育理论、科研知识和方法,探索解决实践问题、验证相关理论、揭示幼儿教育特征与规律的一种能力,包括发现幼儿教育问题的能力、信息处理能力、保教反思能力以及科研文本撰写能力等,是进行幼儿教育科研所必备的核心素养。

幼儿教师自身更要积极进取,主动适应时代发展要求,如在日常保教工作中,勤于思考,善于发现和探究学前教育问题;强化自身信息处理、保教反思和行动研究能力;不甘于现状,主动研究幼儿保教问题,创新幼儿教育模式;经常撰写反思笔记和研究心得,力求把学前教育工作中的新认识、新想法、新实践、新策略、新模式以科研报告、论文或著作的形式呈现出来。

---

① 吴颖,崔玉平. 幼儿园教师教育科研素养的调查分析[J]. 教育学术月刊.2016(12):78-85.

② 吴颖,崔玉平. 幼儿园教师教育科研素养的调查分析[J]. 教育学术月刊.2016(12):78-85.

（三）融入良好的科研氛围

良好的科研氛围的形成需要幼儿园采取有效措施，营造自由、开放、热烈的科研气氛。如组建各种科研小组——创造性游戏科研小组、语言教育科研小组、艺术教育科研小组等，定期召开园内科研会议，请学前教育相关专家进入园内进行理论指导，加强同其他幼儿园的科研信息交流。多组织开展各幼儿园之间的科研工作的检查与评比工作，经常组织各种教研活动等。幼儿教师要融入园内教育科研氛围，充分利用国内完善的教育科研条件、教育科研经费，为自身创造更多的教育科研机会。

思考与练习

1. 浅谈幼儿教师需要具备哪些科研素养。
2. 简述幼儿教师教育科研素养的养成途径有哪些。

练习题

1. 教师根据幼儿的图画来评价幼儿发展的方法（B）

A. 观察法

B. 作品分析法

C. 档案袋评价法

D. 实验法

答案解析："以作品为依据，具有客观性"是作品分析的特点之一，题干中教师对幼儿评价以"幼儿的图画"为依据，正是作品分析法特点的表现。

2. 为了解幼儿同伴交往特点，研究者深入幼儿所在的班级，详细记录其交往过程的语言和动作等。这一研究方法属于（C）

A. 访谈法

B. 实验法

C. 观察法

D. 作品分析法

答案解析：观察法是通过有目的、有计划地考察儿童在日常生活、游戏、学习和劳动过程中的表现，包括其语言、表情和行为，并根据观察结果分析儿童心理发展规律和特征的方法。

思考与实训

思考：

通过对本章的学习，你弄清楚“研究、教育研究、学前教育研究”的概念了吗？学前教育科学研究的基本过程有哪些？幼儿教师科研素质的养成途径是什么？

实训：

通过学前教育理论学习或幼儿园实习实践中的观察，提出一个可待研究的课题，并为其制订一份完整的研究计划。

推荐阅读

[1]胡东芳. 教育研究方法：哲理故事与研究智慧[M]. 上海：华东师范大学出版社，2009.

[2]王彩凤. 庄建东. 学前教育研究方法[M]. 北京：北京师范大学出版社，2011.

[3]刘电芝. 现代学前教育研究方法[M]. 重庆：西南师范大学出版社，2012.

第 1 章

研究问题的选择与设计

学前教育研究是一个不断提出问题和解决问题的过程。关于提出问题的重要性，爱因斯坦有一段精辟的话："提出一个问题往往比解决一个问题更重要，因为解决一个问题，也许仅仅是一个数学上或实验上的技能问题而已。而提出新的问题，新的可能性，从新的角度看待旧的问题，却需要有创造性，有想象力，而且标志着科学的真正进步。"可见，科研选题对于科学研究的重要意义。研究设计对研究也起到了关键的作用，它是整个研究的施工蓝图，研究设计的好坏将直接影响后面研究工作的进行以及研究的效果。本章将就选题的具体来源、选题的思维过程与具体策略、课题研究设计及论证等做详细的阐述。

【学习目标】

1. 了解选题的来源。
2. 掌握选题的思维过程，学会使用相关策略来选题。
3. 了解课题研究设计的步骤，学会设计研究课题。
4. 了解课题论证的含义、内容和形式，学会对所选课题进行论证。

【学习重点】

1. 掌握选题的思维过程和策略。
2. 掌握课题研究设计的方法。

【知识结构图】

- 研究问题的选择与设计
  - 选题的具体来源
    - 国家发展需要中提出的问题
    - 教育改革中的热点和重大问题
    - 学前教育实践中发现的问题
    - 日常观察中发现的问题
    - 国内外教育理论文献分析提出的问题
    - 学前教育学和其他学科交叉关系中提出的问题
  - 选题的思维过程与具体策略
    - 选题的思维过程
    - 选题的具体策略
  - 课题研究设计与论证
    - 课题研究设计
    - 课题论证

第一节 选题的具体来源

一、国家发展需要中提出的问题

随着国家的迅速发展，国家对教育的要求也越来越高，学前教育受到的重视尤为明显。在学前教育方面，《国家中长期教育改革和发展规划纲要（2010—2020年）》（以下简称《纲要》）提出了“基本普及学前教育”明确政府职责”“重点发展农村学前教育”的要求；2017年十九大报告中提出了“幼有所育”“弱有所扶”。这些都与我国幼教事业发展的需要不可分割。

在2017年度立项的全国教育科学“十三五”规划课题中，《纲要》的精神得到了很大程度的体现，如“民族地区儿童的内隐社会认知研究及其教育意蕴”“农村幼儿教师专业生活的田野研究”“农村留守儿童关爱服务体系及机制研究”等课题，都是与我国幼教事业发展的需要密不可分的。此外，2017年十九大报告中提出的“幼有所育”“弱有所扶”的思想在这些课题中也有体现，这些课题都是在国家发展需要中提出的问题。

实际上，幼儿教师想要从这一来源上寻找研究课题，就必须多关注国家的发展、社会的需要，多关注学前教育事业发展的趋势，多思考学前教育事业发展与国家发展之间的联系，从中挑选出合适的课题。

二、教育改革中的热点和重大问题

随着全球化的不断加深、国家的快速发展，教育出现了一些问题，不能跟随国家、社会发展的脚步，于是教育需要改革。课程改革就是教育改革的一个热点内容。自从20世纪80年代，我国幼儿园课程改革就在不断深入；在20世纪末21世纪初，国家启动了包括幼儿园在内的基础教育课程改革，在这一幼儿园课程改革中，理论和实践都出现了许多需要解决的重大问题。课程改革为学前教育科学研究课题提供了来源，如“提高园本研训一体有效性的实践与思考”“幼儿科学教育课程的设计与案例开发研究”“幼儿园生成课程的个案研究”等。

课程改革只是教育改革的一个内容，教育改革还包括学制改革、教学模式改革、管理改革等方面。教育研究者想要从这一来源上寻找研究课题，就需要及时了解国家有关教育方面的政策，不断关心国内外教育改革的热点和重大问题，关注国内外教育改革的发展趋势，结合本地区、本园的实际情况提出问题。

三、学前教育实践中发现的问题

在学前教育实践中发现的问题是研究问题产生的主要来源，教育研究者也正是在实践中不断地发现问题、解决问题来推动教育科学研究向前发展。换句话说，实践是教育科学研究向前发展的不竭动力。在学前教育实践过程中，研究者可以从有困难的问题、有争议的问题、被忽视的问题等问题中选题。

在具体的学前教育实践过程中，研究者往往会遇到一些困难问题，如在幼儿园会经常遇到一些“多动儿童”，“多动儿童”形成的原因、特点以及如何去治疗和教育等，这些都是值得研究的。

有争议的问题对研究者而言无疑是一个好的选题来源，研究者可以根据自己的兴趣，合理地以自己的立场来选择课题加以研究，如学前儿童的“双语学习”问题。有人认为幼儿通过双语学习会多掌握一门语言，也有人认为双语学习会加重幼儿的负担。对于这种有争议的问题，研究者可以选择一些相关课题来进行实证研究。

学前教育领域中常常有许多问题会被人们忽视，像这种被忽视的问题也是研究者选题的一大来源。虽然这些被忽视的问题不易被人察觉，但是一旦被研究者发现作为课题来研究是非常容易出成果的，这与研究者的素质和修养有很大的关系。研究者想要从这一来源获取选题，平常就需要加大训练自己发现问题的敏锐度，如“幼儿计算机辅助教育的研究”。学前教育和计算机本属于两个不同的领域，将此交叉融合进行幼儿计算机辅助教育研究，实现了学前教育上的一大发现，推动了学前教育的发展。

四、日常观察中发现的问题

在幼儿园的日常教学过程中，其实只要多加留意，就会发现许多有价值的选题。为什么有的幼儿一到幼儿园就表现得很开心，而有的幼儿一到幼儿园就表现出强烈的反抗情绪？为什么幼儿在幼儿园里多表现攻击性行为，而在家却表现得很乖？为什么有的幼儿一到幼儿园就会出现各种身体不适，而在家却很正常……这些问题都值得研究工作者去思考。

对于研究工作者而言，一日生活是提出研究问题的重要途径。对于幼儿教师而言，这一日生活中的日常观察不仅是她们教学工作的一部分，也是她们获取幼儿信息、发现问题的重要手段。

幼儿教师想要从这一来源中发现选题，就需要在平常的工作中多观察、多思考，培养敏锐的观察能力，从而在观察出来的问题中选取合适的问题来确立课题。

五、国内外教育理论文献分析提出的问题

当前世界全球化明显，国内外的学前教育信息互动便利。在这样一个开放的教育氛围里，研究者可以通过查阅国内外的理论文献，进行相应的分析然后提出相应的选题。

研究者在查阅分析理论文献时，需要注意以下三点：第一，在查阅文献时多留意被忽略的一些研究问题，这些问题一旦被发现并进行相应的研究是很容易出研究成果；第二，在看一些文献时，发现有冲突的地方需多留意，这些地方往往可以给研究者灵感，找到自己的立场、选择合适的课题来表达自己的观点；第三，多注意一些科学理论中推导出来的有待验证的假设问题，这些假设一旦被验证也是很容易出研究成果的。

研究者想要从这一来源上选取课题，需要经常关注学前教育的学术动态，查阅大量的文献，做到脑中有大量的信息。此外，研究者还需要具备很好的分析判断能力。

六、学前教育学和其他学科交叉关系中提出的问题

学前教育学和其他学科交叉关系中提出的问题往往容易被人们忽略。虽然我们生活在这样一个科学大综合发展的文化下，但有时候思维定式会让我们只

局限于学前教育学这一学科，忽视了学前教育学与其他学科的交叉关系，从而遗漏了一些好的选题。例如，学前教育学与哲学、人文科学、社会科学、自然科学等领域渗透交叉中产生了学前教育生态学、学前教育生理学等研究领域。

对于研究工作者而言，想要从这一来源获取选题，不仅需要浓厚的文化底蕴、修养，而且需要敏锐的洞察力，难度相对较大。

思考与练习

选题的具体来源有哪些？

第二节
选题的思维过程与具体策略

一、选题的思维过程

选题的思维过程是指从如何开始选题到确定课题的思维过程。在这一思维过程中，人们应该了解选题应具备哪些条件、遵循哪些原则，然后开始选题，讨论课题，选择合适的研究方法，最终确定课题。

（一）了解选题条件

1. 具有渊博的知识

选题要求研究者具有渊博的理论知识。唯有当研究者知识渊博、了解甚广，选题时才能应对自如。如果研究者知识狭窄，是很难从脑中搜索相应的知识来选题。因此，在选题之前必须大量查阅有关文献，了解相关的理论知识，做到肚中有货。

2. 具备敏锐的观察能力

敏锐的观察能力是研究者选题应当具备的条件之一，它是个人能力的一种展现。在现实生活中，研究者具备了敏锐的观察能力，容易在实践、理论文献、交叉学科等中发现新的问题，从而确定课题。

3. 具有怀疑的精神、独立思考的能力

笛卡儿曾经说过要对未经过独立思考的一切存疑，要具有怀疑的精神；爱因斯坦将独立思考能力看作人的内在自由。在学前教育科学研究领域，研究者需要具有怀疑的精神、独立思考的能力。只有当研究者具备了这些能力，在选择课题的时候才会有自己的主张，选择适合自己的方向去确定课题。

4. 及时了解科研动态和研究趋势

作为一名研究者，需要清楚地意识到时代的发展是快节奏的、知识的更新是迅速的，学前教育领域的知识更新也是如此。但是，现在许多幼儿教师有着明显的封闭心态，习惯接受上级安排，程序化的处理各项教育活动，对科研的动态和趋势都知之甚少，缺乏对课题动向了解的积极性。幼儿教师需要多了解当下学前教育领域科研的动态以及研究发展的趋势，多了解课题的动向，促进学前教育科研向前发展。

5. 树立从实际出发的选题意识

树立从实际出发的选题意识是研究者选题必备的素质。首先，研究者需要从国家、社会层面来考虑，有些在国外进行的研究并不能全盘照搬到我国来，国情不同，研究就有所不同，但有借鉴意义；其次，研究者需要从地理位置方面考虑，每个地方都有它自己的特色，就比如你在上海研究少数民族的幼儿，在云南研究汉族幼儿，这种与实际不相符的研究是行不通的，也是没有意义的；再次，研究者还需考虑幼儿园的实际情况，倘若研究者只是考虑自己的假想，不切合幼儿园实际，这也是行不通的；最后，研究者还需要根据自身的实际情况，如自己对哪个方向感兴趣等。只有做到以上4点，研究者选出来的课题才有可能是有价值的、有可行性的。

（二）清楚选题原则

1. 价值性原则

价值性原则是选题最基本的原则，包括理论价值、实践应用价值和效益价值。所选课题的理论价值是指研究所得的结论丰富了原有的知识理论，为新知识理论体系的建构奠定一定的基础，引导幼师转变教育教学思想，提高教育教学效率；实践应用价值是指所选课题的研究有助于应用到实践生活中，解决相应的现实问题，改善幼儿园的教育质量和规范管理；效益价值是指研究所得的结果有经济和社会效益，提高儿童后续学业质量、提升劳动力素质和促进就业。因此，研究选题需要多方面考虑其理论意义、实践应用以及效益因素，进一步建构、完善学前理论，运用研究结果解决现实问题，产生社会经济效益，提高幼儿园的教育质量与管理效果。

2. 可行性原则

可行性原则是指所选的问题可以被研究，研究任务有被完成的可能性。在选题的时候，研究者应充分考虑相关因素，包括主观条件和客观条件。

主观条件是指研究人员原有的知识、能力、经验、素质和兴趣等。课题研究需要研究者自身具备一定的知识体系和研究能力；拥有一定的经验会让研究者在课题研究过程中少走弯路；在课题研究过程中，挫折在所难免，此时研究者具备一定的素养就显得尤为重要，可以很好地克服研究中的困难，继续研究任务；兴趣也是课题研究过程中比较重要的主观条件，研究者对研究课题感兴趣，就会自然而然地加大研究的投入力度，研究任务完成的可能性会更高。

客观条件是指课题研究应具备的外在条件，包括研究资料、设备、技术、经费和时间等。研究资料在选题过程中必不可少，研究者不经过许多文献资料的查阅，所选的问题很有可能是不切实际、没有研究价值的；设备和技术在研究过程中也是很重要的，先进的设备和技术手段可以使研究起到事半功倍的作用；经费的多少决定着课题研究的规模和深度，时间的长短制约着课题研究的速度，经费和时间也是课题研究重要的客观条件。

3. 创新性原则

创新性原则指选题要新颖，研究者要赶上时代的步伐，把握学前教育科研发展趋势，选择前人未曾解决或尚未完全解决的问题。选题的创新可以是内容的创新，也可以是方法的创新等。选择富有创新的选题大大提高了科学研究的价值，为学前教育研究开发新的方向，推动了学前教育事业的发展。研究者在选择富有创新的问题时，应多考虑以下几个方面的问题。首先，有些问题是前人未曾研究过的，即所谓的空白领域。这些问题一旦被研究成功，将会是学前教育科研领域的一大发现；其次，有些问题虽然被前人研究过，但还需进一步的完善，还可以从其他角度形成新的课题；再次，将其他领域的先进研究成果引进到学前教育领域，研究者对这些问题进行研究，既富有创新，又易出成果；最后，科学研究有许多相通之处，那国外的研究问题是否能进行中国化的研究呢？这也是一个值得关注的点。

4. 伦理性原则

为人类服务和推动社会的进步是科学研究的目的，选题的伦理性原则是指所选问题的研究不能损害幼儿和他人的利益，尤其是幼儿的身心健康。在课题的研究中，幼儿时常作为被试进行研究。将幼儿作为被试来研究，研究人员需多方面考虑问题，幼儿的家长是否同意幼儿作为被试来参与研究活动，课题的研究是否会影响幼儿的身体健康，是否会对幼儿造成心理阴影等问题。

（三）初步挑选课题

挑选课题是一个复杂的思维过程，不可能一蹴而就，初步挑选课题就是缩小课题范围的重要一步。研究者需要根据自己的兴趣爱好和经验，调取脑中已有的理论知识，查阅相关文献资料，初步确定课题的范围。这时确定的课题通常只是有了大致研究的方向，并不清晰，需进一步地聚焦。课题聚焦是指对挑选出来的课题进行更小范围的缩小，使选题变得更加清晰明朗，是课题明确化的过程。当课题聚焦完成时，初步挑选课题的任务基本完成，但此时挑选出的课题的价值、可行性有待斟酌。

（四）讨论斟酌课题

讨论斟酌课题是对初步挑选出的课题的进一步思考，是讨论课题价值、可行性的重要步骤。首先，研究者需要广泛地查阅文献资料，了解前人在对该课题研究的程度，从而确定该课题是否有研究的意义；其次，了解该课题是否违背了科学研究的伦理道德，是否会促进学前教育事业的发展和社会的进步，是否有继续研究的价值，再次，研究人员应多与同行讨论，多向专家学者咨询，进一步明确研究的目的，明确研究的主要内容；最后，课题研究的可行性论证十分重要，尽管前面所有的工作都已经准备就绪，但只要经论证后研究课题不可行，就无法进行接下来的工作，该课题的研究也将没有继续进行下去的意义。因此，经过以上几个环节最终挑选出来的课题都具有继续研究下去的可能性。

（五）确定课题名称

研究者通过对研究课题的初选、进一步的讨论斟酌，经过深入的讨论考虑之后，一开始的想法有可能会发生改变。比如，原先选择的课题有些是没有价值的，有些违背了科学研究的伦理道德，有些课题是不可行的。因此，需要对最初选择的课题进行筛选和调整，有的甚至需要重新选题。最后，研究者需要对最新斟酌、选择出来的课题进行确认，然后确定课题名称。

课题名称的确定对研究工作的开展十分重要，它决定了科学研究的对象和方向。课题名称既要明确研究对象，又要表明研究的具体领域；既要反映领域中的具体内容，又要体现研究的方法，如探索性主题活动中家园互动的实践研究。

（六）选择研究方法

选择研究方法就是要在明确课题研究的目的和方向的基础上选择研究过程中可能采用的方法，它包括课题研究的基本方法、资料和数据的收集方法、整理和分析资料的方法。在选择课题研究方法的过程中，研究者应多考虑以下几个方面。第一，研究方法能否有效地实现课题的研究目的，确保不会出现研究到一半就研究不下去的情况；第二，研究者要清楚地知道自己是否能熟练地运用所选研究方法，避免在课题研究过程中出现不必要的麻烦；第三，在研究方法的选择过程中，研究者要考虑到经费的问题，在不影响课题研究的过程中尽可能减少费用的投入；第四，选择新颖的研究方法，试图在方法上实现课题研究的创新性。

二、选题的具体策略

选题是需要一定策略的。研究者不仅需要考虑自身因素、选题原则等，而且需要考虑一些选题策略。选题的过程存在许多不确定性。因此，通过一些策略的使用，选题的效率大大提高，质量也有所保证。

（一）怀疑策略

怀疑是每个人的权利，是一切事物得以发展的不竭动力。在实践过程中，人们将理论运用于实践。当实践得出来的结论与理论不相符时，人们会产生怀疑，是理论出现了问题，还是自身操作过程中出现了差错。理论出了问题，怀疑则推动了理论的进一步发展与完善；自身操作出现了问题，怀疑则将使自己纠正自身的错误。无论是哪种问题，都将推动发展，这就是怀疑的力量。

研究者应具备怀疑的精神，不盲目崇拜权威和书本，善于从怀疑中找出问题，解决问题。在选题的过程中，研究者应多用怀疑的眼光来看待问题。如选题是否有研究的价值；选题是否违背科学研究的伦理道德；选题是否可以从其他角度来审视；选题是否具有可行性等。

（二）分解策略

在选题时，研究者脑中容易出现多个选题，并且这些选题往往都是大而虚的，只是一个范围和方向。因此，选择更小更细的选题就成为研究者需要做的事情。分解策略则是对所选问题进行分解，分解成具有一定逻辑结构的许多小问题。研究者再根据自己的兴趣爱好、知识素养，选择一到两个问题，明确自己的研究方向。

在选题时，研究者要做到从小到大、由易到难、由浅入深，实事求是，根据自己的能力选择课题，切忌一味地追求华丽。研究者要对问题情境进行分析，选择一个分解出来的问题作为研究点，然后通过大量的资料收集、知识积累，进一步对所选问题进行深入的研究。

（三）变换策略

变换策略是选题时常用的选题策略，指通过变换看问题的角度来选题，或通过转换思维，从不同层次来选题。

通常变换策略可分为横向变换和纵向变换。横向变换是指研究者的思维从一个方面转向另一方面来看问题。如，在学前教育早期发展阶段，人们过于重视教师的教，忽略了幼儿的身心发展规律和天性的发展；学前教育发展到现在，人们开始将视角转向了幼儿，关注幼儿的天性和身心发展状况，这就是一种横向变换。纵向变换是具有纵向性，既包括研究者把问题按照一定的逻辑关系分解成许多小问题来转向对分解出来的问题的研究，也包括研究者解决一个问题之后转向对引申问题的研究。

（四）边缘策略

边缘策略是研究者常用的在学科的边缘、学科与学科的交叉领域寻找课题的策略。如，幼儿汉字教学小学化的问题。学科边缘以及交叉的领域很少有人对此进行研究，运用该种策略找出来的选题往往容易出成果。因此，研究者多利用边缘策略可以大大提高好的选题获得的概率。

（五）迁移策略

迁移策略指将一个领域中的科研成果、方法运用到另一领域中，要求研究者具有丰富的联想能力。研究者在选题的过程中，有可能受到先前对其他领域关注的启发，联想到该领域的科研成果、方法，想象着是否能运用到自己研究的领域中来，从而使所研究的领域富有创新、充满活力。

（六）论证策略

论证是对选题的一种检验。人们常说“好的开始是成功的一半”，选题就是研究的开始，选题选的越好，研究成功的概率就越大。因此，在选题的过程中，运用一定的论证策略可以大大提高选题的质量。为了保证选题的科学性，研究者需要通过自我论证、立项论证、开题论证等策略来对选题进行论证，降低研究浪费人力、物力、财力等的概率，减少研究者走弯路的机会，提高研究的质量。

思考与练习

1. 选题的思维过程是什么？
2. 选题的具体策略有哪些，研究者应如何使用这些策略？

第三节
课题研究设计与论证

一、课题研究设计

课题研究设计是在教育科学研究课题确定之后进行的，它是对课题研究活动开展的全过程进行设计，对课题研究质量的保证起着关键作用。虽然不同类型的教育课题研究对设计的要求不同，但从现有的教育课题研究设计来看，课题研究设计大致包括以下五个方面：提出研究假设、选择研究对象、明确研究变量、确定研究方法和形成研究方案。

（一）提出研究假设

1. 假设的含义

假设是指研究者根据一定的科学理论和事实经验，对选题提出的问题做出假想性的回答。首先，假设必须是对问题的回答；其次，假设必须是对未经证实的问题做出的回答；最后，假设必须要有相关理论、事实依据，不是凭空捏造的。

研究可以分为定性研究和定量研究，也可以分为探究性研究和描述性研究。在确定课题后，研究人员需考虑研究的性质，是定性研究还是定量研究？是描述性研究还是探究性研究？通常情况下，定量研究、探究性研究是需要提出假设的，而定性研究、描述性研究则不一定要提出假设。因此，研究者应事先给课题研究定性，确定研究的性质，然后再决定是否需要预先提出假设。

2. 假设的特点

假设具有以下三个特点。第一，假设具有科学性，研究假设不是凭空捏造出来的，而是根据一定的理论事实提出来的，是符合一定逻辑的；第二，假设具有假定性，用陈述句描述出来的假设是有待证实的预言，是一种猜测，有可能是真的，也有可能是假的；第三，假设具有可检验性，一般无法被检验的假设不能作为研究假设，只能算是一种猜想。

在假设的表述上，假设应当通过简洁的陈述句描述出来，如幼儿的学习效果与教师的文化程度有没有关系。通常情况下，一个假设只能涉及两个变量，如若涉及两个以上的变量，如要研究幼儿的绘画能力与教师的文化程度和教学方法的相互关系，这里涉及幼儿的绘画能力、教师的文化程度、教师的教学方法三个变量，则需要将变量一一对应组合成几组假设。此时，研究者需要将其分成两组假设分别进行验证：（1）幼儿的绘画能力与教师的文化程度呈正相关；（2）幼儿的绘画能力与教师的教学方法呈正相关。

（二）选择研究对象

1. 研究对象的含义与分类

选择研究对象是课题研究设计中的重要一步，它决定着研究活动围绕着什么来开展。教育科研类型从研究对象上划分可分为总体研究、个案研究和抽样研究。总体研究是对研究对象的全体进行的研究，总体的大小由研究者所界定的范围而定；个案研究是指对研究对象的一些典型特征进行全面而深入的考察和分析，它具有典型性、深入性、多样性等特点；抽样研究是指研究者从总体样本中抽取部分具有代表性的样本，根据这一样本的结果推断总体的研究。

抽样研究较总体研究而言，研究样本更少，降低了研究的难度；较个案研究而言，抽样研究节省了人力、时间和费用，可以通过一个样本的结果推出整体，大大提高了研究的效率。在现实生活中，人们经常使用抽样研究。如想要知道一个瓶中的溶液的浓度是多少，只需取瓶中的一滴溶液来测量即可知道整瓶溶液的浓度。其中，整瓶溶液就相当于研究的总体，而这一滴溶液就是从总体中选取的样本。

2. 抽样研究中抽样应注意的事项

在进行抽样研究时，抽样应注意以下几个方面：第一，抽样的范围要明确，即明确总体的界限，有助于抽取样本；第二，抽样应遵循随机性原则，即抽样时总体中的每一个个体被抽中的概率均等；第三，抽样时要保证样本的代表性，被抽的对象要均匀，抽取的数量越多误差越小；第四，样本容量需合理，研究人员根据研究对象总体的性质、研究目标、研究方法和研究者的经验、时间、经费等来合理地确定样本容量。

3. 抽样的过程与方法

完整的抽样过程包括三个步骤:第一,界定研究对象的总体;第二,获取一份完整而正确的抽样单位的总体名单;第三,确定样本容量,然后根据获得的名单,采用适当的方法来抽取具有代表性的样本。

抽样的方法也是多种多样,抽样方法的好坏在一定程度上影响了所抽取的样本的质量。因此,研究人员应根据研究目的、内容和条件来选择合适的抽样方法。常用的抽样方法包括简单随机取样、系统随机取样、分类随机取样等。

(三)明确研究变量

1. 研究变量的含义

常量是指一个研究中所有的对象都具有相同的状态和特征。变量是相对于常量来说的,指一个研究中研究对象具有不同的状态或特征。例如,研究幼儿的性别对大班幼儿体能测试成绩的影响。在这个研究中,大班幼儿的体能测试水平是一个常量,幼儿的性别分男女,是变量。

2. 研究变量的分类

依据变量与变量之间的关系,可将变量分为自变量、因变量、无关变量、调节变量和中间变量。

(1)自变量。自变量又称刺激变量,是研究者掌握并主动操纵,能够使研究对象变化的变量。自变量是引起或产生变化的原因,是研究者操纵的假定的原因变量。

(2)因变量。因变量又称反应变量,是因自变量变化而变化的变量,是自变量作用于被试产生的结果。

(3)无关变量。无关变量又称控制变量,是指与自变量一起同时影响因变量变化,但与研究目的无关,需要研究人员加以控制的变量。

(4)调节变量。调节变量又称减缓变量,是指影响自变量和因变量对应关系的第三因素,它具有不可控性。

(5)中间变量。中间变量又称中介变量,是指介于原因和结果之间,自身隐而不显,起媒介作用的变量。

3. 研究变量的界定

(1)确定主要变量。主要变量是指研究人员操纵或测量之后希望从中获得研究结果的变量，它与研究目的直接关联。研究人员需要选择自变量，明确因变量，做好界定研究变量的第一步。

（2）确定相关变量。相关变量是指使研究结果更严密、更可靠的变量，它与研究目的无直接联系。例如调节变量。

（3）确定控制变量。控制变量是指在研究过程必须加以控制，才能提高研究结果可靠性的变量。

（4）确定变量名称。变量名称要简洁易懂，有利于研究工作的开展。

4. 研究变量的定义

研究变量一旦确定下来后，接下来就是对其下定义。之所以要对研究变量下定义，是因为人们往往对变量的认识和理解是有差异的。因此，研究人员需要对研究变量下定义，明确收集什么样的资料以及如何进行测量。给研究变量下定义，要尽可能的清晰、准确。通常情况下，给变量下定义的方法有两种，一种是抽象性定义，另一种是操作性定义。

（1）抽象性定义。抽象性定义又称概念性定义，是指从抽象的概念意义上对研究变量共同本质属性进行概括的定义。如“动机”界定为“激发一个人去行动或抑制一个人行动的主观原因”。

（2）操作性定义。操作性定义是指根据可观察、可测量、可操作的特征来界定变量含义的方法。如“智力”界定为“‘韦克斯勒儿童智力量表’测量所得的分数”。

一般来说，给研究变量下定义，先是下抽象性定义，然后再下操作性定义。给研究变量下操作性定义就是要规定变量的操作程序，使变量的特征和操作条件具体化。研究者在下操作性定义时需要注意以下几个方面。第一，研究者要对重要的研究变量下定义，这关系到后面研究工作的实际开展与操作。如要研究儿童的智力，那么研究者就需要对智力下操作性定义，以便研究者操作测量；第二，研究者应当根据研究的目的、内容及变量的性质下操作性定义；第三，操作性定义的设计要具体、明确，含糊不清不利于研究工作的进行；第四，研究者需清楚操作性定义有其特殊性，它是为了研究需要而定义的特殊解释，是不全面的，只是作为一个衡量指标。

（四）确定研究方法

研究方法是指在课题研究的过程中用到的方法，它不仅包括资料收集的方法，而且也包括整理、分析处理资料的方法。不同的资料收集方法会影响收集的资料的质量与收集效率，还会影响到后期资料的整理环节；资料的整理、分析处理的方法不仅会影响到研究的进程，还会影响到研究的结果。因此，在研究过程中，确定好的研究方法十分重要。常用的研究方法有观察法、实验法、文献法、调查法、个案研究法和统计法等。

1. 观察法

观察法是指研究者按照一定的目的和计划，对研究对象进行系统的、连续的观察，并做出准确、具体、详尽的记录，以便全面掌握材料，正确理解研究对象。

【资料链接】

苏霍姆林斯基说："对儿童的认识首先是由观察构成的，教师必须善于在儿童的脑力劳动与体力劳动过程中，在游戏、参观、休息时间内观察儿童，而且善于把观察结果转变或体现为对儿童施加个别影响的方式和方法。"在教学实践中，幼儿教师不仅仅是作为幼儿的一名指导者、游戏伙伴，更是一名观察者。通过观察，教师可以获得来自幼儿的多方面的信息。教师观察的内容包括：

一是幼儿的行为。由于每一个孩子都是独特的个体，所以在游戏活动中，我们可以观察孩子们的角色意识、有哪些独特的行为表现、有什么需要、出现什么问题、突出的表现是什么等等，我们研究的许多问题一般都可以通过对幼儿的行为观察得到解决。

二是观察幼儿选择和操作的材料。材料是幼儿游戏环境中重要的成分。教师可以通过观察下列情况，解决教学及科研需要解决的相关问题。如幼儿在游戏活动中经常选择哪些材料？有他们不感兴趣的材料吗？他们在使用材料时如何操作、控制？如何整理、摆放这些材料等等。

三是观察幼儿的能力水平。在游戏活动中，我们可以观察幼儿的交往能力、合作意识、在独立游戏还是串联游戏，是否主动结识伙伴，如何协调或解决同伴间的矛盾或冲突，遇到困难时如何解决等，掌握和了解幼儿的能力水平。

此外，研究者进行观察的形式是多种多样的，可以是以角色身份参与到角色中进行观察，也可以是以局外人的身份从旁边对正在进行游戏活动的幼儿进行观察，也可以是有目的地对幼儿的游戏行为、情节发展过程以及与各游戏区的横向联系进行观察，还可以是对幼儿的行为情况、对游戏的情节发展情况进行跟踪观察。

2. 实验法

实验法是指在研究者的控制下，有目的有计划地观察研究现象的变化和结果，并分类记录下来。它能使观察、记录更为精密，便于弄清每一条件对研究对象所产生的影响，保证研究工作的准确性。

【资料链接】

皮亚杰液体质量守恒实验

皮亚杰（Jean Piaget）相信，儿童认知发展可以分为4个有序的但不连续的阶段。他认为，所有的儿童都以同样的顺序经历这些阶段。虽然与其他儿童相比，某些儿童可能需要更长的时间来通过某个特定的阶段。

表1-1 儿童认知发展阶段及其特征表现

阶段名称	年龄阶段	特征表现
感知运动阶段	0~2岁	儿童智力发展的萌芽阶段。这一阶段儿童的认知发展主要是感觉和动作的分化，认知活动主要是通过看、抓和嘴的吸吮等活动来探索周围世界从而获得动作经验
前运算阶段	2~7岁	思维有如下主要特征：认为外界的一切事物都有生命；所有的人都有相同的感受；一切以自我为中心；不具备抽象的运算思维；思维不具有可逆性等
具体运算阶段	7~12岁	获得了守恒概念；出现去自我中心主义（儿童社会性发展的重要标准）
形式运算阶段	12岁以上	思维是以命题形式进行的，能理解符号的意义、隐喻和直喻，能对事物做一定的概括，不仅具备了逆向性的可逆思维，而且具备了补偿性的可逆思维

其中，具体运算阶段大约是在7~12岁之间。在这个阶段，儿童开始了心理运算，继续在脑中产生逻辑思维活动。这一研究结论是通过儿童守恒实验得出的。研究者将同样多的柠檬汁倒进两个相同的杯中，5岁和7岁的儿童都认为杯中有同样多的柠檬汁。但是把其中一个杯中的柠檬汁倒进一个细长的杯中时，这两组儿童的看法发生了分歧。5岁的儿童虽然知道高杯中的柠檬汁还是原来的柠檬汁，但他们还是认为现在的柠檬汁多了。7岁的儿童肯定地认为：它的总量并没有发生变化。

柠檬汁研究也表明了具体运算阶段的一个显著特征。7岁大的儿童已经学会了皮亚杰所谓的守恒：他们知道，即使物体的外表发生了变化，但是如果不增加或删减，物体的属性不会改变。

3. 文献法

文献法是指研究者通过阅读有关图书、资料和文件，全面掌握所需材料，以利于研究工作。

4. 调查法

调查法是指通过访问、发问卷、开调查会、测验等方式去收集反映研究现象的材料。

5. 个案研究法

个案研究法是指对单一的人或事进行深入具体的研究，然后再做比较，找出规律性的东西。

6. 统计法

统计法是指通过观察、测验、调查、实验，把得到的大量数据材料进行统计分类，求出数量分析结果，用于支持研究。

除了以上6种常用的研究方法外，研究者还经常用统计软件SPSS或Excel来统计分析数据资料。

（五）形成研究方案

形成研究方案，是依据确定的研究项目，对研究过程进行周密、科学、完整地构思、确定、规划和表述。形成课题研究方案是保证课题研究顺利进行的必要措施，有利于协作研究和检查，是课题研究成果质量的重要保证。

1. 课题研究方案的含义

教育课题研究方案是如何进行课题研究的具体设想，初步归纳了课题研究各方面的具体内容和步骤，是开始进行课题研究的工作框架。

2. 课题研究方案的内容

(1)课题名称。形成课题研究方案首先要确定课题名称。在课题名称中，要用规范、科学的语言明确表述研究问题，让人一目了然。

(2)研究背景、现状和意义。在研究方案中，研究者要阐明研究的背景，问题是怎样提出来的；研究者应当写明研究的意义；此外，研究者还需叙述国内外该课题的研究状况，国内外有过哪些研究，取得了哪些成果，达到了什么水平。

(3)研究目标、内容。研究者应当明确研究的目标，具体阐述研究的内容，让人明白需要研究什么，要达到什么样的目标。

(4)研究方法。课题的研究方法主要是通过什么样的方法去研究课题，是调查法还是实验法，需要尽可能详尽地写出来。

(5)研究步骤。明确研究的程序、步骤，有利于研究有计划地进行。在写研究步骤时，研究者要阐明研究持续的时间，每个阶段是如何划分的，每个阶段的主要工作是什么，需要达到什么样的要求，有助于后期研究者调整研究进度等。

(6)研究成果的表现形式。研究者需要说明最终的研究成果是以怎样的形式表现出来，是一篇学术论文、一个设备，还是一个专利等。

(7)课题研究的资源配置。在说明课题研究资源配置的问题时，研究者需要对研究组成员及其分工进行详细的阐述。同时，经费是怎样预算的、设备条件是否满足等情况都需要研究者进行相应的阐述。

(8)参考书目及有关附录。在课题研究方案的最后，研究者需要附上该课题准备以及后期需要查阅的书目以及一些相关的附录，以备查阅翻看。

3. 课题研究方案的设计要求

(1)课题研究采用的方法要具有合理性、可靠性和经济性。

课题研究方法具有合理性。研究者针对一定的假设或研究内容，采用的方法能够满足检验、论证和解释研究内容所需要的功能和潜在条件。

课题研究方法具有可靠性。研究采用的方法是可以信赖的，可以重复，即使换了别人来做同样的工作也能得到相同的结果。

课题研究方法具有经济性。研究者需要对经费、人力、物力和时间等因素进行考虑，既要能够很好地进行研究，又要以较少的投入获得最大的效益。

（2）课题研究应具有有效性、客观性和明确性。

课题研究具有有效性。研究变量之间的关系应是真实的、明确的、有效的，而不是彼此之间的假关系。

课题研究具有客观性。研究的步骤和控制应保证研究变量之间的变化关系真实存在，不是虚构的，收集的数据应真实地反映变量间的关系。

课题研究具有明确性。研究者要保证课题研究是明确的，即设计要使得研究反映出来的关系是明确的，用数据或材料表述出来的研究结果是可靠的、有说服力的。

二、课题论证

课题论证是对选题的价值、意义、可行性的一种考量，是选好课题之后、开始研究之前的重要步骤，是课题研究可行性和质量的保证。

（一）课题论证的含义

课题论证是对所选课题进行分析、预测和评价的过程，是对课题的价值和可行性的一种分析判断，进一步地决定课题研究的方向和方法，完善课题方案，保证研究质量。

课题论证通过对所选课题的价值、可行性判断，可避免因选题不当而造成人力、物力、财力的浪费；同时，在课题论证的过程中能够发现问题，并进一步地斟酌、讨论，对原有的课题方案进行修改、完善，确保后期课题研究的质量。

（二）课题论证的内容

课题论证需要对课题的价值、内容、方法、进程和可行性等内容进行论证，是一个相对复杂的过程。课题论证的内容主要包括以下几个方面。

1. 课题研究价值的论证

所选课题是否有研究的价值决定了该选题是否还有继续研究下去的必要，因此，课题的研究价值论证具有重大的意义。课题的研究价值主要包括理论价值和实践价值。理论价值是指课题研究的结果为该领域提供新知，促进该领域新理论的建构；实践价值是指通过该课题的研究为实际生活提供解决问题的手段。在论证课题的理论价值时，要考虑理论的创新程度，是否丰富、充实和发展了相关理论，是否会为该研究领域提供新知，促进新理论的建构；在课题的实践价值上，要考虑该课题是否有助于解决实际生活中的相关问题。

2. 课题研究综述的论证

课题研究综述的论证主要是向专家介绍自己对研究动态的了解情况。论证该部分内容时，要阐述清楚与本课题有关的文献资料，知道前人对本课题或相关问题做过哪些研究、进展如何、有过哪些成果以及还存在哪些研究盲区等。然后将自己的课题研究与前人的研究相比较，从中发现问题与不足，修改自己的研究方案，明确自己想要写的点，考虑如何使其更富有创新性，有闪光点。经过论证，研究者可以增加知识、拓宽思路，对研究领域有更好的把握。

3. 课题研究内容的论证

研究课题主要是通过研究内容来体现的。如果不能提出具体的研究内容，就无法进行研究。论证课题的研究内容时，需要将研究内容分解成一个个具体的子课题，然后对每一个子课题进行论证，提高课题研究内容论证的效率和质量。

在论证课题研究内容时，教育科学研究在以往的情况下会出现下面一些问题。第一，只有课题而没有具体、明确的研究内容，即使有研究内容也都是大而虚的，很难让人明白研究具体要做什么工作，有什么安排；第二，课题研究的内容与课题不相符，原想根据课题来制定相应的内容，最终却因为一些因素，思维被禁锢在课题的边角区，从而制定的课题研究内容与课题不相符；第三，课题研究内容的多少不能与课题的大小相符，有些课题很大但研究内容却很少，研究内容需根据课题的大小来确定。

4. 课题研究方法的论证

课题的研究方法主要是反映一项课题需要做什么和怎么做，研究方法的选用情况会直接影响研究的效率和质量。因此，论证课题研究方法十分重要。课题的研究方法包括观察法、调查法、实验法等，要想论证课题研究方法的合理性，必须考虑研究课题的性质、特征和内容，然后根据课题的性质、特征、内容等来选择相应的研究方法。如研究大班幼儿的外貌特征离不开观察法；研究某地区幼儿教师师资队伍建设情况采用调查法；研究两种教学方法的优劣通常会采用实验法。

5. 课题研究进程安排的论证

在一定程度上，如若课题研究进程安排的合理，研究效率和质量都会大大提高。设计课题研究的进程就是安排设计研究的实施步骤和时间。研究者需要对研究的实施步骤和时间安排十分熟悉，这样才有利于研究工作的顺利进行，有利于定期检查研究进度和调整工作。此外，课题研究的负责人也可通过进程安排来检查、督促和管理研究的相关工作。

6. 课题研究可行性的论证

影响课题研究完成的因素有很多。首先，课题本身要有价值，符合时代发展的趋势；其次，课题研究的负责人和参与者要具备研究的素质，有一定的学术水平、研究能力；最后，课题研究要有一定的物质基础，如设备、技术、经费、人力、物力等。

（三）课题论证的形式

课题论证的形式是多样的，包括自我论证、立项论证和开题论证。研究者可以通过多种形式来论证以确保课题的有效性，从而为以后的研究工作奠定基础。

1. 自我论证

自我论证是研究者本人对个人自定的、不纳入科研规划的课题进行价值、可行性等的论证。它是课题完善的一个重要环节，是立项论证和开题论证的基础。自我论证可以请同行鉴定，提出意见。此外，也可以根据科研项目申请书上的要求进行自评。

2. 立项论证

立项论证是科研主管部门组织专家评委对上报申请的研究课题的内容、方法、条件等做出评议、审核，然后专家对能否立项进行投票。课题评审通过后，经上级主管部门同意后即为正式立项课题。专家评审的方式有两种，一种是集中评审，另一种是通信评审。

3. 开题论证

开题论证是立项后课题主管部门或课题负责人邀请专家进一步对课题研究的目的、研究方法、进程安排、价值等做系统的、深入的评价。课题负责人准备好报告内容，由专家向负责人提出问题，负责人对专家的质疑进行解答，然后评委根据相应的回答进行分析评价。

思考与练习

1. 课题研究设计的流程是什么？

2. 课题论证的内容有哪些，研究者如何进行课题论证？

练习题

1. 研究者通过阅读相关图书、资料和文件，掌握研究所需的信息。这一方法是（　C　）

A. 观察法　　B. 实验法

C. 文献法　　D. 调查法

答案解析：文献法是指研究者通过阅读有关图书、资料和文件，全面掌握所需材料，以利于研究工作。

2. 下面哪一选项不属于课题论证的形式（　B　）

A. 自我论证　　B. 有效论证

C. 立项论证　　D. 开题论证

答案解析：课题论证的形式包括自我论证、立项论证和开题论证。

3. 科研选题的来源有哪些？

答案解析：①国家发展需要中提出的问题；②教育改革中的热点和重大问题；③学前教育实践中发现的问题；④日常观察中发现的问题；⑤国内外教育理论文献分析提出的问题；⑥学前教育学和其他学科交叉关系中提出的问题。

4. 课题论证的内容包括哪些？

答案解析：①课题研究价值的论证；②课题研究综述的论证；③课题研究内容的论证；④课题研究方法的论证；⑤课题研究进程安排的论证；⑥课题研究可行性的论证。

思考与实训

思考：

通过对本章的学习，你知道选题的基本步骤吗？学会如何对课题进行论证了吗？

实训：

一、判断下列课题是否合理并说明理由。

1. 幼儿美术教育研究。

2. 幼儿园环境创设研究。

3. 幼儿教师队伍建设的研究。

4. 论教师对幼儿教育的影响。

5. 幼儿教师教学方法的研究。

二、通过学习和实践观察，提出一个合理的课题，写明选题思路。

推荐阅读

[1]于忠惠，姜波，管明辉．幼儿教育课题创新的实践与探索[J]. 大庆社会科学，2011(2)：151-153.

[2]卢怡人，韩镁．课题表述与课题选题的基本方法[J]. 职业技术，2010（8）：31.

第 2 章

文献查阅与文献综述

2017 年 4 月，就读于重庆某大专学校的孙同学迎来了毕业设计的作业。孙同学通过在幼儿园参与过的教育见习工作和课堂上的课程学习，对当前幼儿园户外活动开展情况产生了浓厚的兴趣，因此，她决定以“幼儿园户外活动”为主题，开展调查研究。然而，孙同学面临着很多的问题：“户外活动”这个核心概念如何界定？国内外已有幼儿园户外活动的研究现状如何？当前再进行幼儿园户外活动现状调查研究的意义何在？又有什么研究价值呢？这些问题是每一位同学在完成毕业设计作业时都会面临的共性问题，而这些问题都将通过在文献的查阅、整理与文献综述的撰写中得以解决。

在科学研究中，文献资料占有重要的位置。在选择课题时，需要查阅与课题相关的背景资料；在研究过程中，需要掌握最新的与课题相关的文献资料；在最后分析问题、撰写论文时，需要使用相关的文献资料来充实论据。因此，文献查阅是科研的一个重要环节。

那么，什么才是文献呢？文献又有哪些类型？对于一位学前教育专业的大学生来说，如何查阅文献呢？对于查阅到的文献又如何整理？最后又该怎么撰写文献综述呢？让我们带着这些问题，开展后续内容的学习。

【学习目标】

1. 了解文献的含义及其特点，知道文献的分类，掌握文献的查阅方法和撰写文献综述的要求。

2. 能根据研究课题撰写文献综述。

3. 乐意使用文献法进行课题研究。

【学习重点】

1. 掌握各种查阅文献的方法。

2. 能根据研究课题展开文献搜索，并撰写文献综述。

【知识结构图】

- 文献查阅与文献综述
  - 文献的概念与分类
    - 文献的概述
    - 文献的分类
  - 查阅文献
    - 查阅文献的意义
    - 查阅文献的方法
    - 查阅文献的过程
    - 查阅文献的要求
  - 文献综述
    - 文献综述的目的
    - 文献综述的类型
    - 文献综述的内容
    - 文献综述的步骤

第一节
文献的概念与分类

在研究中，研究课题的确定与完善离不开文献，而文献的查阅、整理与文献综述的撰写，有助于研究问题的分析与解决。

一、文献的概述

（一）文献的概念

1. 文献的定义

文献是指以文字、符号或图形等方式记录人类活动或知识的一种信息载体，是人类脑力劳动成果的一种表现形式。

2. 文献的要素

文献一般包含三个基本要素（如图2-1）。第一，有一定的知识和内容。文献不能是一张空白纸，没有记录任何知识与内容的白纸不是文献。第二，有一定的物质载体。文献是借助于一定的物质载体出现在人们视野中的，如纸张、照片、磁带、光盘等。第三，有一定的记录手段。常见的文献记录手段有文字、图像、符号、音频、视频等。

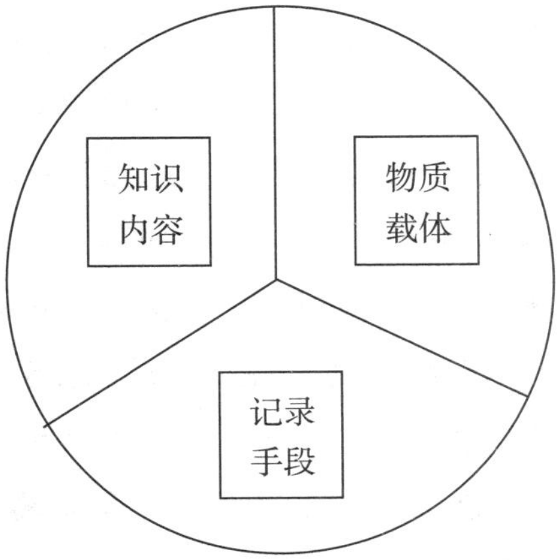

图2-1　文献的基本要素

（二）学前教育文献

学前教育文献是指记载了有关学前教育信息和知识的载体，如各种手稿、书籍、报刊、磁带、胶片、光盘、数字化网络平台等等。它是对人类从事学前教育活动及科学研究的记录。

【资料链接】

中国国家图书馆

中国国家图书馆于1987年建成，位于北京市海淀区白石桥高梁河畔，总馆占地7.24公顷，建筑面积14万平方米，裙楼分布在主楼两侧，并形成两个面积甚大的天井，天井内为花园，形成楼中有园的独特景致。馆内设有各具特色的阅览室46个，其中开架阅览室23个，日均可接待读者六七千人次。2008年9月9日，二期馆舍（现称总馆北区）建成并投入使用，每年大约要接待海内外读者400多万人次。

中国国家图书馆馆藏丰富，品种齐全，古今中外，集精结粹。作为国家藏书机构，中国国家图书馆依法接受中国大陆各出版社送缴收藏的出版样书，此外还收藏中国大陆的非正式出版物，例如各高校的博士学位论文均在中国国家图书馆的收藏之列，是图书馆学专业资料集中收藏地和全国年鉴资料收藏中心。从藏书量和图书馆员的数量看，中国国家图书馆是亚洲规模最大的图书馆、世界上最大的国家图书馆之一，是世界著名的国家图书馆。中国国家图书馆的藏书可上溯到700多年前的南宋皇朝缉熙殿藏书，最早的典藏可以远溯到3000多年前的殷墟甲骨。国家图书馆的馆藏文献中珍品特藏包括善本古籍、甲骨金石拓片、中国古旧舆图、敦煌遗书、少数民族图籍、名人手稿、革命历史文献、家谱、地方志和普通古籍等260多万册（件）。截至2012年底，中国国家图书馆的藏书容量达3119万册，其中价值连城的古籍善本就有200余万册，著名的《永乐大典》《四库全书》等举不胜举，尤以“四大专藏”即“敦煌遗书”、“赵城金藏”、《永乐大典》和《文津阁四库全书》最受瞩目。

二、文献的分类

依据不同的分类标准，文献可以分为不同的类型。作为文献中的一种，学前教育文献可以以任何形式存在于任何载体之上。研究者只有了解文献的种类，才能快速、有效地查阅文献。常见的文献分类有以下几种。

（一）按照加工程度不同分类

按照加工程度不同，文献可以分为零次文献、一次文献、二次文献、三次文献。

表 2-1　按照加工程度不同分类

名称	含义	特点	类型	举例
零次文献	未经正式发表或未形成正规载体的文献	客观性、零散性、不成熟性	手稿、书信、笔记、会议记录等	幼儿园教师的教案、幼儿的作品等
一次文献	以作者本人的实践为依据而创作的原始文献	有较高的参考借鉴价值，但分布比较分散，不够系统	专著、论文、调查报告、档案资料等	《学前教育学》、硕博毕业论文等
二次文献	对一次文献进行加工、提炼和整理而得到的检索性文献	报告性、汇编性、简明性	索引、文摘、书目、题录、手册	检索工具书、网上检索引擎等
三次文献	对一次、二次文献进行分析、研究、综合、概括而成的参考性文献	综合性、浓缩型、参考性	年度百科大全、专题研究报告、专题评书、动态综述、进展报告等	《教育年鉴》

（二）按照载体形式不同分类

按照载体形式不同，文献可以分为印刷型文献、缩微型文献、机读型文献和视听型文献。

表 2-2　按照载体形式不同分类

名称	载体	记录手段	特点	举例
印刷型文献	纸张	手写、印刷	直接读，但较笨重、存储密度低	专著、期刊
缩微型文献	感光材料	缩微照相	存储密度高、便于收藏，但不能直接阅读	缩微胶卷和胶片
机读型文献	光、电磁介质	利用计算机进行存储	存储密度高、共享性好、出版周期短，但需借助设备才能阅读	光盘、磁盘
视听型文献	感光和磁性材料	借助设备记录声音和图像	直观性、存储密度高，共享性好、易复制、易更新，但制作成本较高，且需借助设备才能阅读	唱片、录音带、录像带、幻灯片等

(三)按照编辑出版形式不同分类

按照编辑出版形式不同,文献可以分为书籍、期刊、报纸、档案(包含教育年鉴、教育法令集、学术会议文件)、电子文献、学位论文、产品说明、专利等。

表 2-3 按照编辑出版形式不同分类

类型		特点	参考价值	举例
公开发行的书籍	教科书	出版周期长,内容更新慢	有较多经典理论和事实	《学前教育学》
	专著	专业性强,有较高的参考价值	有独特观点,具有创新性	《学前融合教育的比较与实证研究》
	资料性工具书	内容全面翔实	科学性强,可作为标准解释	《学前教育百科全书》
	通俗读物	浅显易懂	专业性差,启发性强	科普类作品
期刊和报纸	专业学术杂志	研究充分深入,理论深厚	领域创新、高端、前沿	《学前教育研究》
	专业综合性杂志	理论研究与实践指导兼有	创新性较强,关注现实状态	《学前教育》《幼儿教育》
	文摘类杂志	汇总	百家之言,有专业性	人大复印资料
	报纸	新动态	学术性差,基础性、实践性强	《中国教育报》
档案类	教育年鉴	内容完备,记载翔实,查找方便	科学性强,可作为标准参考	《中国教育年鉴》
	教育法令集	官方文件	真实、可靠、标准化	教育部网站
	学术会议文件	主题内容集中,大量有价值的信息	领域创新、高端、前沿	《2018 年中国学前教育研究学术年会论文集》
电子文献		信息量大	视野开阔,科学性不强	中国学前教育网
学位论文、产品说明、专利等		信息量大	科学性强,创新点明显	中国知网硕博论文数据库

思考与练习

1. 什么是文献?有哪些分类?
2. 根据文献分类,列举常见的学前教育文献。

第二节
查阅文献

一、查阅文献的意义

查阅文献是一个过程，即在众多的文献中迅速地、准确地查找出与研究课题相关的信息的过程。在课题研究中，查阅文献有以下4个方面的意义。

（一）确定研究的课题与方向

通过查阅与研究课题相关的文献，了解已有研究的信息，对自己所要研究的课题进行系统的综合性分析与判断。一般而言，通过查阅文献了解已有相关研究的主要成果，掌握已有相关研究的方法、经验与问题，明确哪些问题有待于进一步补充与修正等等。

（二）明确研究的思路与方法

文献资料是了解国内外学术研究成果和最新研究动态的重要途径。通过查阅文献，探讨研究者如何探索和解释事实及其关系，分析其得失成败，从而在吸取前人经验和教训的基础上，把握研究的适宜方法和合理的研究思路。

（三）提供科学的论证依据

通过查阅文献，从已有相关文献中受到启发，不仅可以找到科学回答研究课题中问题的线索，也可以为科学地论证自己的观点提供有说服力的事实和依据，使研究结论建立在可靠的材料基础上。

（四）避免重复劳动，提高研究效益

通过查阅文献，在充分了解前人研究成果的基础上进行创新，从而避免不必要的重复劳动，提高研究效益。如果忽视文献的查阅，对已有相关文献了解不充

分，很可能会出现重复他人研究的情况，从而造成人力、物力和财力的浪费。

查阅文献是科学研究过程中的一个重要步骤，且它贯穿整个研究过程，关系到研究的速度、质量以及成效。作为一名合格的学前教育科研工作者，应认识到查阅文献在科研中的重要意义，并掌握与熟练运用各种常用的文献查阅的方法。

二、查阅文献的方法

常用查阅文献的方法有顺查法、逆查法、追踪法3种，以及将3种综合起来运用的综合查找法。

表2-4 常用查阅文献的方法

方法	含义	适用范围	优点	缺点
顺查法	依据研究开始时间和发展顺序由远及近、由旧到新的顺序查找	适用于范围广、所需文献较系统全面的课题	结果比较全面系统，基本能反应课题发展的全貌	费时、工作量大
逆查法（又称倒查法）	按照由近及远、由新到旧的顺序查找	适用于收集新文献、无须关注历史渊源的课题	省时省力	容易漏查
追踪法（又称引文查找法）	以已有文献中的引文、参考书目或注释为线索来查找	适用于所有课题	无须检索工具，快速获取重要文献	不够全面系统，且比较杂乱
综合查找法	综合使用顺查法、逆查法和追踪法3种方法查找	—	—	—

三、查阅文献的过程

一般来说，文献的查阅过程包含以下几个步骤：

第一，检索准备。通过分析研究课题，研究者明确查阅的要求，选定检索工具和路径。

第二，文献检索。运用搜索工具，检索与研究课题相关的文献资料，从中挑选有用的文献进行阅读。

第三，资料整理。运用去伪存真、除旧存新原则，将阅读过的文献进行分类整理，并撰写文献评论。

文献查阅的一般流程如下：[①]

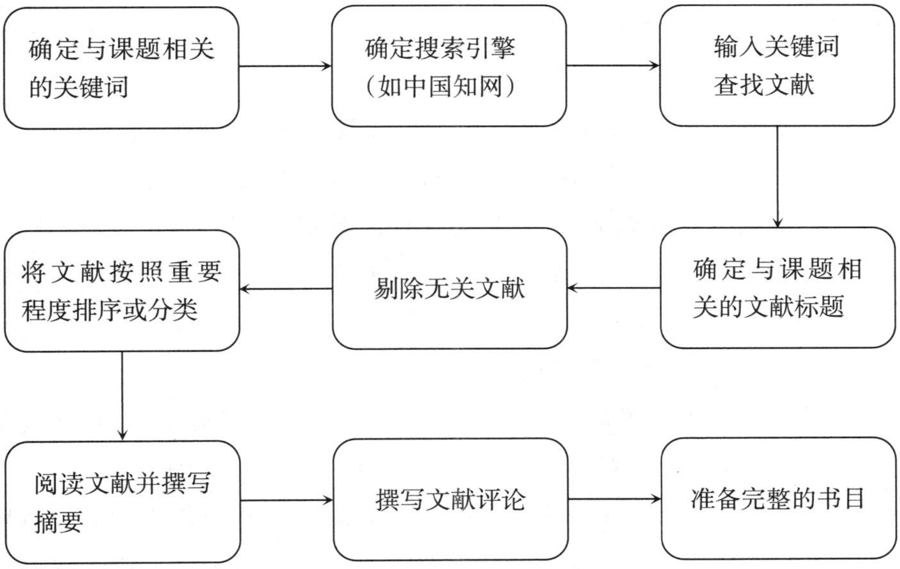

四、查阅文献的要求

（一）查阅文献前要明确关键词

在查阅文献之前，要明确本次文献查阅的主题，把握文献查阅的关键词，以便高效地搜索、查阅到与课题相关的文献，提高查阅文献的有效性。如在课题“重庆市普惠性幼儿园普惠政策运行研究”中，确立“普惠性幼儿园”“重庆市普惠政策”和“普惠政策运行”这三个关键词，以此展开文献查阅，才能掌握较多有价值的文献，促进课题有效开展。

（二）查阅文献时要全面、准确

为了确保文献的全面性，首先，除了查阅与课题关键词直接相关的文献以外，还要查阅与课题有间接关系的背景资料；既要有正面的、与自己观点一致的资料，也要收集反面的、与自己观点不一致的、相矛盾的资料。其次，在查阅文献时，应认真研读近十年来该课题范围内的理论观点、论证数据等，仔细推敲各种观点和论据，准确把握信息，尽量避免论据失误。研究者应尽量收集第一手资料，掌握与课题相关的各种材料，以确保课题研究的全面性和准确性。

① 袁振国.教育研究方法[M].北京：高等教育出版社，2000.

(三)查阅文献后要确认真实性

查阅文献后,要及时确认文献的真实性。一般通过外审法和内审法两种方法来鉴别。

外审法即鉴别文献本身的真伪,通常包括鉴别文献版本真伪和鉴别作者真伪。首先,对文献版本真伪的鉴别,一是通过将文献编排体例与同时代同类文献进行比较;二是通过比较核查文献中是否有反映成文年代前后的事实来鉴别。其次,对作者真伪的鉴别,一是通过作者语言风格与该作者其他文献语言风格是否一致来鉴别;二是通过分析所查阅的文献体例是否一致来鉴别;三是通过核查文献中的思想观点与逻辑是否一致来鉴别。

内审法即鉴别文献内容是否属实。一般通过文字性资料互证、用实物证明文字性资料、文献内容与历史背景进行对照这三种方法进行鉴别。

外审法可以确定文献的真实性,内审法可以确证文献的价值性。在查阅文献后,要通过审查和鉴别,尽可能地确认文献的真实性和价值性,确保课题开展的有效性。

思考与练习

1. 文献查阅有什么价值?
2. 常见的文献查阅方法有哪些?
3. 查阅文献时有什么要求?
4. 自选题目,按照文献查阅流程进行文献查阅。

第三节
文献综述

一、文献综述的目的

文献综述即把查阅到的文献进行归纳整理，得出一份脉络清晰，能全面、系统反映该课题在一段时期内的发展历史、研究现状和发展趋势的资料。

对文献进行整理、撰写文献综述，有两个目的：第一，文献综述属于研究报告中的绪论或引言部分，是课题研究准备阶段的重要内容；第二，文献综述是研究者的研究成果，为他人提供有关课题研究的最新动态，因而它常以论文的形式发表在期刊上。

二、文献综述的类型

文献综述的类型有三种：一是目录性综述，即按照某一专题或某种特征将一定时间内的相关原始文献题目加以综合描述；二是文摘性综述，即对文献探讨的问题进行综合描述；三是分析性综述，即对原始文献进行归类、分析、综合，并撰写研究者本人的见解和评论的一种综述。

三、文献综述的内容

通常来说，文献综述的内容（也是结构）包含以下五个部分。

（一）标题

标题可以鲜明地表明综述的主要问题，是综述内容的高度浓缩和概括，让人对综述的内容一目了然。

(二)前言

前言部分包含课题的研究背景、研究价值或意义以及对科学研究工作的重要性、价值和必要性等内容。因此，研究者要简要阐述课题研究目的、相关概念界定和综述范围，说明课题研究现状、争论焦点和发展趋势，阐明本课题的研究价值，使读者对将要探讨的问题有一个初步的了解。

(三)正文

正文是综述的主要部分，要系统地分析查阅到的文献资料。

1. 正文内容

在内容方面，正文部分一般包含该课题研究的发展历史、现状(主要观点与成果、研究方法与措施)和发展趋势等，发展历史和现状是重点内容。

课题的发展历史是以时间为顺序进行纵向分析，叙述该课题的发展状况和特点，尤其是关键阶段的背景、特点和意义，以及有无新理论、新方法和效果如何。对课题发展历史的追溯，旨在探明课题发展变化的规律，弄清楚哪些问题已经解决、用什么方法解决和还有哪些问题需要解决。另外，可以分国内和国外两个版块进行梳理和分析，使读者一目了然。

课题的研究现状注重横向对比，对比该课题现有研究中的派别、观点、方法的发展水平、取得的成效、方向以及今后急需解决的问题等，并进行客观评价。对这部分内容的分析，应重点阐述它们之间的差异，分析其原因和背景，明确现有问题。

2. 正文撰写方法

正文撰写方法多种多样，但无论使用何种方法，都应将查阅到的文献进行归纳、整理、分析和比较。正文的主体应为该课题范围中代表性强、具有科学性和创造性的文献引用和评述。一般来说，正文部分的撰写方法有以下几种。

第一，纵式写法。纵式写法即按照时间顺序或课题发展层次，对其历史发展过程、目前状况、发展趋势做纵向陈述，从而呈现该课题发展轨迹的一种方法。纵式写法适合动态性、发展性的综述，这种综述评述专题的发展脉络层次清晰、语言文字简明。

第二，横式写法。横式写法即对课题的各个方面如各派、各观点、各方法、各成效等，进行描述、比较与分析的一种方法。横式写法适合成就性的综述撰写，用于介绍某课题的新成就。

第三，综合式写法。综合式写法即在一篇综述中同时使用纵式写法和横式写法，即在撰写课题的历史背景时使用纵式写法，而撰写课题现状时使用横式写法，通过纵横比较，能够全面系统地认识课题，为课题后续研究工作的开展提供参考。

（四）总结

总结部分应提炼准确、归纳完整精确、语言表达恰如其分，其内容是研究者对所收集到的文献资料及综述的主题内容进行分析所做出的结论，它可以是介绍尚待解决的问题、预测将来发展趋势等。一般来说，总结部分包含以下几个方面：

第一，已有研究结果说明了什么问题；

第二，对已有研究做了哪些修正、补充或否定等；

第三，已有研究的不足之处或尚待解决的问题，也可以包含作者对问题解决的认识；

第四，预测将来发展趋势，为解决问题提出可能的发展方向。

第五，建议和期望，即为解决问题提出应采取的途径、方法或方案等，说明研究的可能性；同时还可以提出对遗留问题和今后研究方向的期望。

（五）参考文献

参考文献即在文后逐一列出文献综述所依据的资料，它是文献综述的特别之处，为他人运用追踪法检索文献资料提供方便，也便于读者检查所引文献是否正确。罗列顺序一般按照文中引用的顺序排列，也可以按照资料作者姓氏笔画顺序排列。未公开发表的资料不需要列入参考文献，但应在文中引用处标明。参考文献应按照一定的格式列出，常用参考文献类型的格式见下表。

表 2-5　常见参考文献类型的格式

序号	类型	格式与举例
1	专著	格式：主要责任者．题名：其他题名信息[文献类型标识/文献载体标识]．其他责任者，版本项．出版地：出版者，出版年：引文页码． 举例：孙亚娟．学前教育科研方法基础[M]．重庆：西南师范大学出版社，2018：28.
2	学术论文	格式：文献主要责任者．析出文献题名[文献类型标识/文献载体标识]．连续出版物题名：其他题名信息，年，卷（期）：页码． 举例：卢怡人，韩镁．课题表述与课题选题的基本方法[J]．职业技术，2010（8）：31.

续表

序号	类型	格式与举例
3	专利	格式：专利申请者或所有者．专利题名：专利号[文献类型标识/文献载体标识]．公开日期． 举例：刘加林．多功能一次性压舌板：92214985.2[P].1993-04-14.
4	电子文献	格式：主要责任者．题名：其他题名信息[文献类型标识/文献载体标识]．出版地，出版者，出版年：引文页码(更新或修改日期)[引用日期]．获取和访问路径． 举例：中国互联网络信息中心．第29次中国互联网络发展现状统计报告[R/OL].(2012-01-16)[2013-03-26].http://www.cnnic.net.cn/hlwfzgj/hlwtzyj/hlwxzbg/201201/P020120709345264469680.pdf.

四、文献综述的步骤

（一）确定主题

文献综述的选题范围广泛，题目可大可小。研究者从实际出发，根据自己的需要选题。一般来说，文献综述题目越具体明确越好，既有利于文献收集和归纳整理，也有利于问题分析。

（二）收集资料

收集资料是文献综述撰写的基础，没有资料就无从综述。一般来说，研究者根据实际情况和条件，选择合适的方法来收集与课题相关的文献资料。

（三）研读文献

研读文献可按照这样的步骤进行：首先，通读摘要，了解各篇资料与课题的相关度和价值，确定该资料或精读或粗读。其次，在阅读的基础上，对所掌握的资料进行分析、比较和归纳整理。最后，综述要如实反映原作者的观点，不能随意篡改；资料的引用也应加以选择，不可将收集到的资料全部写进去。

（四）撰写综述

在撰写综述时，研究者要有初步的撰写提纲，提纲通常可以按照文献综述的结构来撰写，撰写时要注意观点与内容的一致性，完成后要认真修改，力求做到层次分明、观点明确、数据可靠、表达准确。

思考与练习

1. 文献综述有什么目的？

2. 文献综述的结构与内容有哪些？

3. 你认为在撰写文献综述时要注意哪些问题？

4. 请自选题目，运用恰当的检索工具和检索方法进行资料收集，并撰写文献综述。

练习题

1. 文献是记录有知识的（ A ）。

A. 载体　　B. 纸张　　C. 光盘　　D. 磁盘

答案解析：选A。文献是指以文字、符号或图形等方式记录人类活动或知识的一种信息载体，是人类脑力劳动成果的一种表现形式。

2. 从文献的（ B ）角度区分，可将文献分为印刷型、缩微型、机读型和视听型等。

A. 内容公开次数　　B. 载体形式　　C. 出版类型　　D. 公开程度

答案解析：选B。按照载体形式不同，文献可以分为印刷型文献、缩微型文献、机读型文献和视听型文献。

3. 在公开出版物中，当前的（ C ）反映的信息内容可能最新。

A. 学位论文　　B. 标准文献　C. 期刊论文　　D. 报纸文献

答案解析：选C。根据期刊论文的参考价值可知，期刊论文具有领域创新、高端、前沿等价值。

4. 利用文献后面所附的参考文献进行检索的方法称为（ A ）。

A. 追踪法　　B. 顺查法　C. 逆查法　　D. 综合法

答案解析：选A。追踪法是指利用文献后面所附的参考文献进行检索的方法。

5. 以下哪个部分的内容能为他人运用追踪法检索文献资料提供方便(D)。

A. 前言　　B. 正文　　C. 总结　　D. 参考文献

答案解析：选 D。根据参考文献的特别之处可以判断，参考文献能为他人运用追踪法检索文献资料提供方便。

推荐阅读

[1]凤元杰. 文献信息检索[M]. 北京：科学出版社，2010.

[2]姚计海. "文献法"是研究方法吗——兼谈研究整合法[J]. 国家教育行政学院学报，2017(7)：89-94.

[3]钟明元，孙泽文. 教育科学文献的整理及其综述写作[J]. 新课程研究旬刊，2016(11)：104-107.

[4]罗国锋. 文献检索课 SPOC 混合教学模式构建与实践[J]. 图书馆论坛，2016，36(4)：72-78.

[5]葛敬民. 文献检索课开设 30 年的回顾[J]. 大学图书馆学报，2014，32(4)：98-102.

第3章

调查研究

“没有调查就没有发言权。”当人们想要了解某一事物或现象时，首先浮现在脑海中的方法就是“调查一下”。调查研究是人们了解历史、认识现状的一种重要途径。古代社会中，统治者们为了掌握社会情况，进行有效的社会管理和社会改革，往往要先进行专门的调查。传说早在大禹治水的时候就曾进行过人口调查；作为研究方法，从19世纪开始，调查研究就为人们认识自然和社会、探索自然和社会发展变化的规律发挥了重大作用，成为许多学科的重要研究方法。1956年至1964年，我国历史上第一次有组织、有计划进行的全国少数民族社会历史状况科学调查就为我国民族学和社会学的发展提供了丰富而深厚的基础。在调查研究的基础上，编写出少数民族的简史、简志和简史简志合编初稿57本。无论是自然科学还是人文科学，研究者要获得关于研究对象的基本事实和资料，对其现状和发展趋势做出客观的描述和预测，或者为进一步的实验研究和更高层次的理论研究提供基本依据，都要使用到调查研究法。

在近代教育史上，最早将调查研究运用于教育研究的是美国的肯德尔，他在1910年主持了一个为期一周的地区学校制度的调查。20世纪30年代以来，调查研究在教育研究中的运用越来越广泛，成为一种主要的教育科学研究方法。[①]在学前教育的科研活动中，调查研究法更是一种被广泛使用且行之有效的研究方法。例如，世界各国都在对学前儿童入园率、学前儿童的健康水平、学前教育投入等情况进行普查。美国的“佩里计划”、中国的“学前振兴计划”等世界上很多学前教育促进项目都以大量可靠的调查数据作为依据。

① 杨爱华.学前教育科学研究[M].南京:南京师范大学出版社,2001.

【学习目标】

1. 了解调查研究的基本特点和主要类型。

2. 掌握问卷法、测量法、观察法、访谈法和叙事法的设计和实施的要领。

3. 了解调查研究在学前教育科学研究中应用的优势和局限性。

【学习重点】

1. 掌握量的调查研究的基本方法和实施要领。

2. 掌握质的调查研究的基本方法和实施要领。

【知识结构图】

- 调查研究
  - 调查研究概述及其基本步骤
    - 调查研究概述
    - 调查研究的基本步骤
  - 调查研究的具体方法及实施
    - 量的调查研究
      - 问卷法
      - 测量法
    - 质的调查研究
      - 访谈法
      - 观察法
      - 叙事法

第一节
调查研究概述及其基本步骤

一、调查研究概述

调查研究作为一种被普遍使用的科学研究方法，与人们日常生活中经常使用的“调查”一词有联系，但其有着更为严谨而深刻的含义。调查研究大致包括“调查”和“研究”两个环节。从哲学层面讲，“调查”就是在科学的世界观和方法论的指导下，深入实际，努力全面把握客观情况；“研究”就是对调查所获取的客观情况，运用科学的世界观和方法论进行分析综合、抽象概括，从“事”中求“是”，认识事物的本质和规律。“调查”和“研究”是同一认识过程的两个方面，二者相辅相成，缺一不可。从人的认识活动来说，调查研究是从感性认识上升到理性认识的过程，是从把握事物的现象飞跃到认识事物的本质和规律的过程。以下学前教育研究的层面来分析一下调查研究的内涵。

（一）调查研究的含义和特点

1. 调查研究的含义

调查研究是指在一定的教育科学理论指导下，运用一定的手段，如问卷、访谈、测验等，在自然状态下有目的、有计划、有系统地对某些教育现象或事实进行考察（包括口头的或书面的、直接的或间接的），掌握有关教育现象的历史、现状和发展趋势，发现教育现象之间的关系，总结有关的成果和经验、问题和教训等，并在掌握大量材料的基础上，得出科学结论，认识教育规律的一种科学研究方法。①

---

① 张宝臣，李志军．学前教育科学研究方法[M].上海：复旦大学出版社，2007:89.

调查研究通常不受时间、空间条件的限制，可在自然情景中进行数据的收集，效率较高，不须控制条件和操纵被调查对象，调查涉及范围广泛，手段多样，便于实施，适用于现状研究和描述性研究。调查研究不仅能帮助研究者获得有关研究对象的第一手资料，为分析相关问题提供重要依据，还可以为各级教育部门制定教育政策、法规和教育发展计划提供事实依据，并为一线教育工作者提供经验参考，以促使其提高教育教学水平。

在学前教育研究中，研究者可以采用问卷、访谈、测验、观察等手段，对学前儿童进行有目的、有计划、系统的研究，收集反映学前教育发展状况和学前儿童身心发展情况的资料，通过对所获资料的分析，概括我国学前教育事业发展的特点，发现学前儿童身心发展规律，总结学前教育实施的有益经验，科学地认识学前教育现象。

2. 调查研究的特点

与其他教育研究方法相比，调查研究更适用于研究现实的学前教育问题，描述一般的、大的、总体的性质、倾向、态度等问题。调查研究法的特点概括如下：

(1)间接灵活。调查研究不必在教育现场进行及时的观察，而常常用间接的方法，从几个侧面对教育现象和事实进行考察了解，不受现场条件和时间的限制，比较灵活机动。有些教育现象不能全部被我们直接观察到，就常常需要用间接的、灵活的方法去收集材料。例如，幼儿教师的职业认同感、学前儿童的道德观念、家长对幼儿园保教活动的满意度等等，均可采用调查研究。

(2)途径多样。调查研究的途径是多样的，既可以通过细致的访谈、座谈等方式深入地对某些学前教育的事实和现象进行微观研究，又可以采取问卷、测验、网上调查、互联网平台投票等手段对某些学前教育的事实和现象进行区域性的、大范围的宏观调查研究，也可以两者适度结合，综合运用多种方法来收集材料。调查研究采用多种途径，可以解决那些无法进行实验或观察的研究问题，比如探究儿童厌食、近视、撒谎等问题的原因。

(3)系统严密。调查法集合多种方式，有计划、有目的地了解学前教育工作中某一方面的现实问题，有着系统的程序和严密的步骤。调查计划的制订、调查工作的实施、调查对象的选择、调查结果的分析和调查结论的形成等，都建立在科学论证的基础上。调查实施前，研究者对调查时可能遇到的情况和可能参与进来的新的外来因素都会做一定的预见和估计，以此保证调查结果的准确性和科学性。

（4）简便易行。调查研究最大的特点是完全在自然状态下进行，对研究对象不做任何干涉和控制，克服了教育实验研究需要的严格的实验条件控制的局限，对研究者的专业能力要求也不是很高，不必在人员训练方面花费较多的时间和精力，相对来讲是一种简便易行的研究方法。同时，调查法不受时间、空间限制，在时间层面，调查研究可以在事后从当事人或者其他相关人员那里获得已经过去的事情的资料，不要求“共时”；在空间层面，调查研究可以跨越地域和国家界限，研究者不需要“在场”。因此，调查研究较为省时省力，具有较高的效率。

（二）调查研究的基本类型

1. 按照调查的范围划分

（1）全面调查（普查）。全面调查是对研究对象的全体无一例外地进行调查的方法。全面调查可以是区域性的，也可以是全国性的，它能够得到有关调查对象的全部情况，为制定重大方针、政策和发展规划提供必要的依据。例如，我们需要了解某地区农村留守儿童入园情况，就要对某地区所有村庄的留守儿童中3~6岁幼儿入园情况进行全面的调查统计，以此获得全面可靠的信息。

全面调查是一种重要的宏观调查法。其优点是具有普遍性，能全面地反映学前教育的许多现象及其发展变化，收集的资料较为全面。全面调查的局限性在于所获材料虽全但浅，也难以获得生动且细致的资料，无法进行深入研究；同时因为调查范围广而全，所以较为耗时费力。

（2）抽样调查。抽样调查是从被调查对象的全体范围中，抽取一部分样本进行调查研究，并以样本的特征值推算总体特征值的方法。

抽样调查包括概率抽样和随机抽样。从狭义层面上来讲，抽样调查仅指随机抽样，即在要调查的全体对象中，随机地抽出所要调查研究的样本（如抽签法），使总体中的每个个体都有同等被抽到的机会，而不是以研究者的主观意愿或者判断来确定。抽样调查的范围较小，时效性高，节省人力物力，较好地避免了全面调查的诸多不足，是学前教育研究中最常用的调查方法。

（3）个案调查。个案调查是指在对被调查的学前教育现象或者对象进行具体分析的基础上，有意识地从其中选择某一个具有典型性、代表性的教育现象或者对象进行调查和描述的方法。个案调查的重要意义在于通过深入实际、分析个案，能够对某一教育现象进行具体且细致的调查研究，可以详细地观察教育事件的发展过程，了解其发生的原因，掌握多方面的联系。同时可以通过把握具有该特征的对象发展变化的线索特点，推论出具有一般意义的认识。个案调查往往作为抽样调查的探索研究或补充研究，它可以使抽样调查的结果更加深入、丰满。但个案调查在选取调查对象时容易受到主观因素制约，研究对象的典型性无法保证时，调查结果的代表性也就无从保证。基于个案进行一般意义推论时也难免受到主观性和片面性的干扰。

2. 按照调查的手段划分

（1）问卷调查。问卷调查是指运用事先设计的调查问卷向被调查者书面了解情况或征询意见的方法。这是一种书面形式的调查方法。

（2）访谈调查，又称为谈话法，是指调查者通过与调查对象面对面的交谈直接收集材料的一种方法。访谈调查包括面访、信访和电话访问。通过这些方式可以较为详尽、确凿、真切地了解到教育现象和事件的细节，进一步掌握情况。谈话前，要做好充分准备，如准备好谈话提纲，提问用词要谨慎得当，谈话态度要亲切自然大方，以使访谈获得好的效果。

座谈会是访谈的一种形式，是邀请对与有关研究情况和事实比较熟悉的或者亲自经历的、有代表性的人进行有针对性的集体谈话，由他们从不同的角度提供大量的实际材料。座谈会须由熟悉情况且有经验的人来主持，需要事先准备好调查提纲，向到会者提出有效问题，充分展开讨论。

（3）测验调查。测验是指通过考查的方式去测定某些研究现象实际情况的一种调查方法。测验的对象要根据调查目的、任务而确定，可以是儿童、教师，也可以是管理人员和家长等。测验应力求客观、标准，操作程序规范，排除无关因素干扰，消除测验对象的疑虑。

3. 按照调查的目的划分

（1）现状调查。现状调查是一种描述性调查，即对某一教育现象或教育对象的现有状况和基本特征进行调查。如“某地区公立幼儿园师资情况调查”“农村儿童龋齿情况调查”“进城务工人员子女学前教育状况调查”等。

（2）发展调查。发展调查是一种预测性调查，它主要调查某一教育现象随着时间变化而表现出来的特征和规律，从而推断未来某一时期的学前教育发展趋势。如“全面二孩政策后我国学前教育发展的调查”“幼儿社会交往能力发展的调查”等。

（3）关系调查。关系调查是一种相关性调查，它主要调查两种或多种教育现象的性质与程度，分析与考察它们是否相关，是否互为变量，目的是寻找某一种教育现象的相关因素，以解决问题的一种研究方法。

（4）比较调查。即针对不同国家、地区、学校、教师、学生之间的有关现象的相似性和差异性进行的调查。如“中美艺术课程的内容比较调查”“城乡家庭教养方式和儿童行为习惯养成关系的调查”等。

此外，根据调查内容的复杂程度，调查研究可分为专题调查和综合调查；根据调查内容的性质，调查研究分为事实调查和征求意见调查等。

二、调查研究的基本步骤

教育调查的全过程一般分为三阶段五步骤：一为准备阶段，包含确定调查课题和制订调查计划两个步骤；二为实施阶段，包含实施调查、收集资料一个核心步骤；三为总结阶段，包含整理分析资料和总结撰写报告两个步骤。以上五个步骤贴合人类的认识规律，符合科学研究当中问题解决的程序，是五个相互关联的研究环节。

（一）确定调查课题

问题是一切科学研究的起点。我们通过对学前教育领域总体形势的把握和对现实问题的探讨，来选择调查的课题。调查课题的确定，就是要明确“为什么调查”和“调查什么”这两大问题。在确定调查课题时，应遵循以下原则①：

（1）目的性原则，即要明确调查要达到什么目的，试图解决和回答什么问题，探求什么样的变化规律。

（2）价值性原则，即要严密论证调查课题有无理论价值和应用价值。既要考虑调查课题的现实的必要性，又要考虑未来的必要性；既要考虑微观的必要性，也要考虑宏观的必要性。同时，要重视参阅已有研究资料，弄清楚所选课题的国内外研究现状，避免重复性研究。

（3）量力性原则，即所选课题，要从参与调查的人员、时间、经费和环境等方面周全考虑，在不违反价值原则的前提下，可以选择小一些的调查课题，选择适中的调查范围，以小见大。

① 陈时见.教育研究方法[M].北京：高等教育出版社，2007:79.

（二）制订调查计划

古语云："凡事预则立，不预则废。"调查计划的拟订是调查研究得以顺利、有条不紊的进行的保证。调查计划通常包含以下内容：

（1）调查课题和目的。简洁明了地表达调查课题的具体名称，阐明调查研究的主要内容以及调查的目的和意义。

（2）调查的对象和范围。即要写明调查对象的范围，以及调查对象的具体情况，如被调查者的年龄、性别、身份等，以及抽样的方法、样本的容量等。在这个过程中，首先要严格地界定研究总体的属性和范围，其次再根据研究的需要和研究者的条件来确定样本。

【资料链接】

选取调查对象的具体策略①

调查对象的选择是否恰当，将直接影响调查结果，因此被选取的调查对象应该具有代表性和典型性，同时考虑普遍性，应根据调查选题和调查目的来选择调查对象。不同的调查选题，应用不同的方法来选择调查对象。首先要确定调查总体，然后确定调查样本。调查研究常用的抽样方式有4种：（1）简单随机抽样，就是在调查总体中任意抽取一部分对象。（2）机械抽样，又称为规律性抽样，指在抽样时每隔相等的若干个体抽取一个样本。（3）分层随机抽样。分层随机抽样是最为科学的一种抽样方法。它把研究对象总体分成不重叠的几层（比如可以按照学习成绩、认知水平分层，也可以按照性别、民族、职业、地区等分层），然后从每一层中选取一个或几个对象作为简单随机样本。（4）整群抽样，指在群体中抽样，每个抽样样本是一个群体集合，而不是单个个体。比如在大班中抽大六班，在幼儿教师中抽已婚女教师等。

（3）调查手段和方法。即说明确定用哪种或者哪几种调查手段和方法进行调查。同时设计必要的调查表、调查问卷和测验题目等。

① 陈时见.教育研究方法[M].北京：高等教育出版社，2007:79.

(4)调查地点和时间、步骤安排。确定调查的具体地点，并说明调查分为几个步骤进行，明确每一步的具体调查内容和时间安排。

(5)调查经费的来源、使用。说明调查经费的来源和筹措渠道，制订规范合理的经费预算，简要地说明经费的使用安排。

(6)调查的其他准备。包括各种技术、事务和组织工作。同时考虑编制调查工具、培训调查人员、准备相关资料等。

在制订计划的过程中，为了使计划制订更加切合实际和具有前瞻性，可以先进行一段探索性的调查，初步把握情况，或者征询有经验的人士和专家的意见，再制订计划。由于人们对于事件的发展的预估往往是有限的，因此调查计划拟订之后并不是“不可动摇”的，应当根据客观情况适时适当地调整计划，在调查活动进行的过程中不断地改进调查计划。

(三)实施调查计划

收集资料的过程就是根据调查计划实施调查的过程，即调查者运用设计好的调查工具对选定的调查对象进行逐个调查，以记录调查对象各自的事实、数据、态度和观点等。这是调查研究的核心环节。在收集资料过程中，调查者要做到细致缜密，及时甄别所获材料的真伪。可以通过以下方法提高所收集材料的可信度。

(1)尽可能保证材料的客观性。在学前教育调查的过程中，调查者应尽量避免带着主观偏见和倾向性，应实事求是地收集材料，不能带着预设性的观点去收集材料，问卷和访谈的问题不能带有歧义或者暗示性，也不能任意地取舍材料，应尽量保证材料的原始性和完整性。

(2)多个调查人员采用座谈会或者谈话的方式收集材料时，必须采用统一的标准、统一的调查表格做调查记录。

(3)在收集材料时注意将意见和事实区别开来，对于被调查者提供的材料，尤其是二手、三手资料，要注意甄别核实，以保证材料的可靠性。

(4)尽可能采用多种手段和方法，从不同角度、不同层次和不同环境较为广泛地收集材料。

(四)整理分析资料

调查过程中收集的原始资料，必须要经过归类整理，使之系统化和条理化，为下一步的分析总结做好准备。整理资料是一项细致的工作，具体的思路和方法详见本书第6章。以下简单介绍资料分析整理包含的四个环节：评定、汇总、摘要和分析。

（1）评定：对资料的评定基于研究者对于原始资料的仔细阅读。研究者首先要熟悉原始资料的内容，仔细琢磨其中的意义和相互关系，从而对资料的完整性、一致性、可靠性等做出判断。研究者至少应该通读原始资料两遍，直到感觉对原始资料了如指掌，应有一种完全沉浸在与资料的互动过程中的感觉。①

（2）汇总：是把收集到的分散的、片段的、零乱的原始资料归类、综合和分组进行统计，使大量分散的、错综复杂的原始材料成为有条理的、简洁可辨的、易于分析的研究材料。

（3）摘要：是在整理调查材料的过程中，有系统地摘录那些内容丰富的、生动具体的资料，使资料不局限于抽象的数据。

（4）分析：定量分析和定性分析相结合，既从数量方面具体分析事物的特征和变化的具体表现，也要进行理论分析，力求较为深入地掌握事物的性质和规律，阐释其意义和价值。

（五）总结撰写报告

调查报告的撰写是调查研究的最后一个环节，也是最重要的环节，单纯地进行调查研究，其本身的意义并不能凸显，只有理论联系实践，形成调查报告，才能用于交流，彰显调查研究的价值。调查报告作为调查研究的结果，绝不是材料的罗列和堆积，而是一项实事求是的创造性工作，是以教育理论为指导的理性思考的成果。调查报告一般包含导言、正文和结论3部分。

【资料链接】

调查研究应注意的一些问题

（1）调查对象要有代表性。调查对象不是随意选择的，应当严格按照调查计划要求的程序取样，特别要消除调查人员选择被试时的主观偏向。

（2）调查内容要涵盖调查研究的全部因素。调查内容应全面且真实地反

① 陈向明.质的研究方法与社会科学研究[M].北京：教育科学出版社，2000：277.

映调查研究所需要的方方面面，符合调查研究的需要。

（3）调查人员要严格执行指导语。调查研究一般要通过指导语对调查对象提出要求。调查人员的指导语应当对所有的调查对象保持一致性。

（4）调查的问题要适宜。调查问题要适合调查需求，不提“窘迫性”的问题，以及触及社会禁忌、个人隐私和敏感性的问题，或者引起被试个人不愉快体验或者明显不会真实回答的问题，要尽量提易回答的问题，语气委婉。

（5）调查者要重视材料收集的过程。调查者要适时地深入实际，亲临现场，对调查对象做全面、细致的了解。调查过程中尊重客观事实，不对调查材料进行人为修改，不对调查对象抱有成见，不带个人情绪和主观倾向收集材料，更不能编造材料。

（6）要消除被调查者的顾虑。调查者的态度要热情、诚恳、谦逊，尽量采用匿名调查的方式，严格遵守保密制度，维护被调查者的权益、尊严和隐私。

（7）要正确解释调查结果，避免不恰当地夸大调查结果的价值和适用范围，避免不严谨的研究态度，不随意下结论，不将相关关系确定为因果关系等。

思考与练习

1. 调查研究的主要特点是什么？
2. 调查研究的主要类型有哪些？
3. 调查研究的基本步骤有哪些？

第二节 量的调查研究及其实施

一、问卷法

问卷法是以书面提出问题的方式收集资料的一种调查研究方法。调查者围绕研究目标提出一系列问题并编制成调查问卷，通过信件、电子邮件、当面作答或者追踪访谈等方式，让调查对象逐一回答，从而了解某事件的始末，或了解人们对于某问题的观点、态度和看法。问卷法简便易行，省时省力，调查面广，获取的信息量大、真实性强。无记名问卷是最常用的形式，可以有效地消除调查对象的顾虑和防备心理，有利于研究者得到客观真实的数据资料。

（一）问卷法的基本特点和适用范围

1. 问卷法的基本特点①

（1）高效。问卷调查无须调查人员逐人或者逐户地去收集资料，往往采用团体调查的方式进行。传统的问卷调查可以通过委托派发问卷、邮寄问卷、在报纸上刊发问卷等形式进行调查；在网络普及的今天，可以直接通过电子邮件、网络、社交平台等方式向被调查者发放问卷。这对于调查的双方来讲都是非常省时省力的，可以在短时间之内调查较大的范围和样本群体。问卷调查所获得的资料适于利用计算机进行处理，能较好地节省整理分析资料的时间。

（2）客观。问卷调查一般采用无记名的方式，能更加保护被调查者的个人信息，有利于调查对象无所顾忌地表达真实的情况和想法。特别是涉及一些较为敏感和隐私的问题时，匿名问卷调查能够较好地获得真实的调查数据。

（3）统一。问卷调查对所有的被调查者采取相同的形式，同样的问题、同样

① 杨世诚，李培胜，隋立国，等. 学前教育科研方法[M]. 第二版. 北京：科学出版社，2011：72-73.

的回答形式，这样有利于对某一社会同质性的被调查者的平均趋势与一般情况做比较分析，也可以对某种社会异质性的被调查者的情况进行比较分析。

（4）广泛。问卷调查不受人数和地域的限制，在诸多研究方法中，其调查的人数最多，涉及的范围最广。调查问卷的预先分类有利于从量的方面把握所研究的教育现象的特征。

（5）封闭。问卷调查大多采用封闭型的问答方式，缺乏弹性，调查内容有限，调查对象的作答易受限制，从而可能遗漏一些深层的信息。对于较为复杂的问题，难以获得丰富深入的材料。

（6）回收难。问卷发放之后由调查对象自由作答，调查者往往不会当场检验问卷是否正确作答或者完整作答，因此难免出现漏答、错答等现象。以邮寄、电子邮件和网络问卷等形式进行的问卷调查，问卷的回收往往依赖于被调查者的自觉和自愿，回收率难以保证。

2. 问卷调查的适用范围

基于问卷法的基本特点，它也不是所有问题都适用。问卷法大多采用书面问卷的形式，问卷的回答依赖于调查对象的阅读理解水平和表达能力。在现实生活中，并不是所有的调查对象都能具有回答问卷所要求的能力，尤其是在学前教育阶段，幼儿的理解水平和表达水平是较不成熟的，问卷法对于幼儿来讲并不适用。如果要在学前阶段对幼儿采用问卷法，那就要巧妙地将问卷设计成图画的形式，问卷填写的过程中还需要对幼儿进行指导。

从调查内容上看，问卷调查适用于对现状和事实的调查；从样本上看，适用于较大样本的调查；从调查过程上看，适用于较短时期的调查；从被调查的对象上看，多适用于初中以上的对象。问卷调查在城市比农村适用，在大城市比小城市适用。

（二）调查问卷的结构及其设计

问卷调查的结果是否科学有效，很大程度上取决于所编制的问卷的质量。如果编制的问卷中问题不明确，问题较片面不能反映调查选题的总体情况，题量过大，或者语言表述过于专业晦涩等，都会直接影响到被调查者的作答意愿和作答效果。因此，调查问卷的设计不能随意而为，调查问卷不是一系列问题的简单罗列，而应当遵守问卷设计的规范和科学研究的逻辑。

1. 调查问卷的基本结构

问卷题目:要鲜明、简洁、易懂	范例:关于×××问题的调查问卷
问卷说明和填表要求:说明调查的目的、内容与要求	范例:调查旨在对×××问题进行一次较为系统的了解,并对×××问题进行有效的反思和改进。回答本问卷时,请您注意阅读题目,在相应的答案编号上打“√”即可,需要填写文字的,请您写在空白横线上,请为我们提供尽可能真实的想法和完整的答案。请独立作答,勿与他人商讨,我们将对您的所有回答严格保密!谢谢合作!
问卷具体内容:一一列出问题及其备选答案或者作答要求	范例: (1)事实和行为,如性别、民族、年龄、职业等;是否做过某事,做的频率和效果;某行为发生的时间、地点等。 (2)原因或理由,如为什么这样做、为什么去做等。 (3)情感、态度和倾向:如赞成与否、喜欢与否、愿意与否,及其程度等。 (4)环境问题,如家庭、工作单位、居住社区等。

2. 调查问卷的设计

问卷设计是问卷调查的核心步骤。研究者在设计调查问卷时要对问题的整体内容做到心中有数。在设计问卷之前,可先绘制总体框架图,直观地标示出问题的结构。具体方法是:从研究主题出发,先找出核心概念,再逐层分解,转变为可以直接提问的语句,保证问卷内容全面无偏差。问卷设计要考虑每个问题的作用,注意建立各个问题之间的内在逻辑关系,对问题进行分类和相关分析,进而在问卷中合理安排各类问题的位置。

(1)问卷题目的设计。确定题目是问卷设计的关键。在对调查目的和内容有比较清楚的了解之后，可以初步拟订问卷提纲，然后设计问卷的初稿，比较规范的做法是卡片法或者框图法。卡片法就是将初步考虑的每一个问题写在卡片上，一题一张卡片，然后按照一定的顺序将卡片上的问题进行排列，再逐一输入电脑形成问卷。框图法就是将问卷内容进行分类，再将分好类的几个部分按照一定的顺序编制成框架图，然后具体写出每一部分的题目及其答案，最后通过补充和修改，完善后形成问卷。框架图举例：家长对于儿童教育问题的看法。

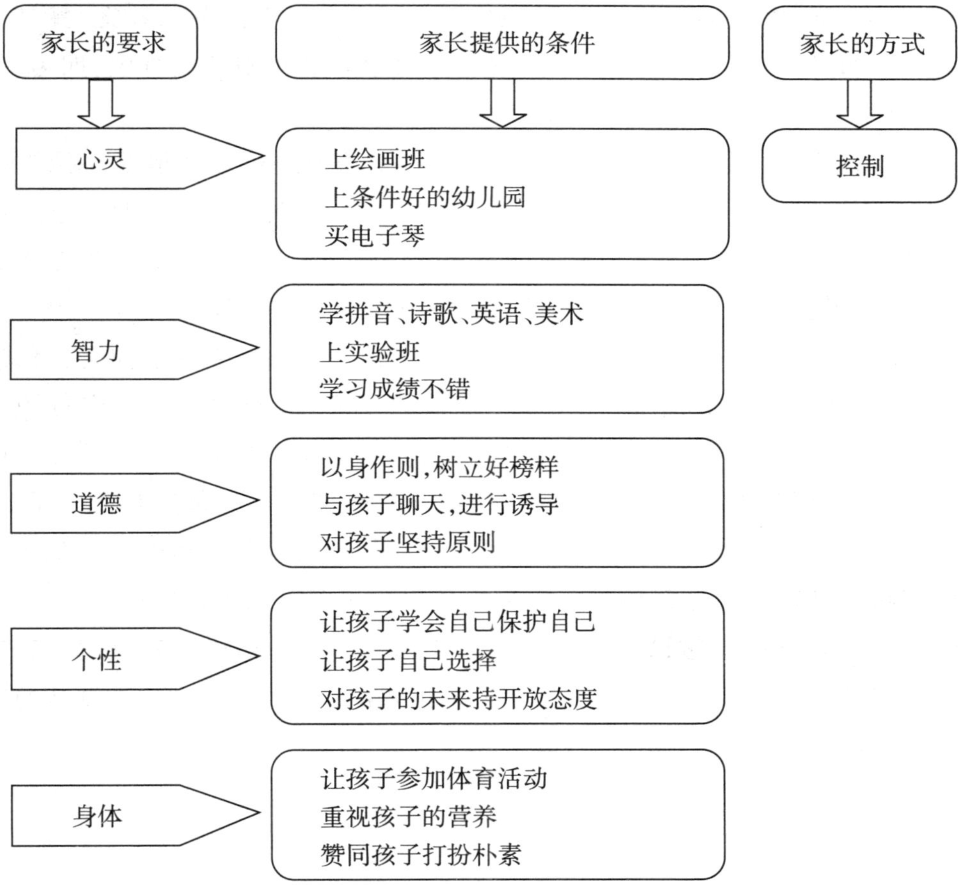

问卷语句设计要注意以下几点：

第一，必须围绕主题进行设计，所有问题都应当在总框架中有位置，不问与主题无关的问题。

第二，所用语句和词汇明确具体。不使用模棱两可、含混不清的词汇，避免双向问题（如"您的孩子是否经常发生攻击性行为，而且总是主动攻击别人"，这实际上包含了两个问题）和具有歧义的问题。

第三，语句要防止诱导性，避免被调查者在诱导下产生趋同心理，违背其本意回答问题。如“阅读对于孩子成长很有益,你是否经常陪着孩子阅读?”这样的问题,家长们都倾向于选择“经常陪孩子阅读”,尽管事实并非如此。因此,问卷中尽量避免用权威话语和多数人意见作为引导语。

(2)问卷答案的设计。问卷答案有开放式、封闭式两种类型。开放式问题是一种应答者可以自由地用自己的语言来回答和解释有关想法的问题类型,问卷设计者不给出备选答案。封闭式问题由问卷设计者给出备选答案,一般包含4个类型,一为是否式,二选一;二为选择式,包含3个及以上的备选答案,择其一或多作答;三为排列式,被调查者按照重要程度或赞同程度对答案排序;四为“等级评定”,答案分成一定的等级,由被调查者评定。

(3)问卷的编排。设计好的问卷题目和答案需要进行合理编排,主要涉及3个方面的编排:一是问题性质,客观题多、主观题少,先易后难,先封闭后开放;二是问卷的总题量,一般来讲,难度适中的问卷题量应不超过60题,难度较大的问卷题量不应超过30题;三是答卷时间,尽量控制在30分钟以内。

(4)问卷的测试和修改。问卷设计出来之后要经过反复修改完善。修改问卷首先是依据问卷的总体框架对每一道题进行审查,同时还应当进行预先测试。如果问卷属于大型调查,问卷测试一般可从总体中抽取一个小样本(30~50人)进行问卷初测,再根据问卷回收后的情况进行调整。如果回收率低于70%,说明问卷的设计或者发放有较大问题,要追根溯源,对问卷进行修改。如果属于小范围调查,可以直接将5~10份问卷初稿送至相关专家或者典型被试手中,进行初测,根据专家和典型被试的反馈意见修改问卷。如果初测之后对问卷有较大改动,应当组织第二次测试。总之,在进行正式的问卷调查之前,所设计的问卷应当获得多方认同。

【资料链接】

调查问卷的问题排列策略

(1)熟悉的问题在前。把熟悉的问题放在前面,使被调查者能较快地进入角色。熟悉的问题是指大多数人都熟悉的问题或者情境。

(2)简单的问题在前。简单易答的问题在前,容易使被调查者产生成就感，排除畏难情绪，由易到难也符合人们解答问题的一般思路。

(3)感兴趣的问题在前。把那些较容易引起被调查者兴趣的题目放在问卷前段能引导他们积极投入问卷的答题过程中。

(4)开放式问题在后。开放式问题往往是综合性较强的问题，往往需要被试经过一定时间的考虑和语言组织之后作答，为避免被试因为不想回答此类问题而放弃了整个问卷的作答，应放在后面。一般情况下，开放式问题应不多于3个。

(三)问卷调查的实施

1. 问卷的发放

问卷发放的传统方式有邮寄、组织分发和当面发送3种。邮寄最简便易行，而且对被调查者的影响最小。建议邮寄的同时附上一封简短的感谢信或者有影响力的人士的推荐信并附上回寄问卷的邮票和信封。组织分发需要与当地政府、教育行政部门或者园所管理者建立良好的关系，请这些部门协助有组织地分发问卷、回收问卷。当面发送是最有效的一种方法，当场发送、当场填写，有疑问及时解决，问卷的质量和回收率都有保证。

问卷发放的新方式：电子邮件问卷、网络问卷、社交平台问卷。新的方式均借助于网络信息技术，比起传统方式更加简便易行，但是需要被试能熟练使用网络。

2. 问卷的回收

在问卷回收的过程中，要剔除废卷和统计有效问卷的回收率。一般来讲，调查专业人群，回收率应保持在70%以上。但调查对象为一般民众时，考虑到熟悉度和兴趣度等因素，可以酌情考虑回收率。如果回收率过低，就需要进行补充调查。

一般来讲，回收率如果只有30%，那么资料只能做参考；50%以上，可以采纳建议；70%以上才可以作为研究结论的依据。问卷的回收率低于70%，需要进行补充调查，也可以做小范围的追踪调查或者以访谈调查作为补充。

影响问卷回收率的主要因素有：调查工作的严密程度；调查问卷的合理性；调查课题的吸引力；问卷的难易程度；问卷回收的可控制程度；等等。因此，想要获得较高的问卷回收率，必须设计短小精干、有吸引力、简洁易懂的问卷，同时尽量当面发送和回收。

二、测量法

测量从广义而言，就是根据法则给事物分派数字。测量法是用一组标准化测验，按照规定的程序，通过对研究对象的实际测定来收集数据资料的研究方法。测量一般包含测量客体、测量内容、测量规则和测量工具四个要素。在教育过程中，教育者对幼儿不断地施加各种教育影响，幼儿的身心发展状况也在不断发生变化，这就需要对教育教学的结果做出评价，对幼儿身心发展状况及其变化的特征、趋势等通过测量来获得可靠的事实根据。[①]因此，此处所指的测量法是教育测量，即根据测量学的原理和方法对教育现象及其属性进行数量化研究的过程。它主要指对学生内在精神属性的测量，如测量学生的学习成绩、智力水平、品德状况、人格特征等。

目前，在我国比较流行的，适用于儿童的智力测验主要有：韦克斯勒儿童智力量表（WISC-CR）、韦克斯勒学龄前和学龄初期智力量表（WPPSI）、中国比纳智力测验、瑞文标准推理测验、中国儿童发展量表（3~6岁）（张厚粲）、麦卡锡量表和绘人测验等。

（一）测量法的基本特点和适用范围

1. 测量法的特点

（1）测量结果的间接性。教育测量一般是间接测量。研究者无法直接测量幼儿的内在心理特性，只能通过其外显的行为来间接测量其心理活动的特点与水平。也就是说，只能通过幼儿对测验题目的反应和一些行为表现，运用推理、判断的方法，来间接地测量出他们的知识水平、智力高低和品德好坏。在教育测量中，除了对幼儿身体素质和发育可以直接测量外，其余绝大多数是间接测量。

（2）度量单位的相对性。教育测量的度量单位一般是相对的。教育测量的度量单位意义比较模糊，而且相同单位不等值。比如，教育测量的度量单位一般是“分”，但语文的“1分”和数学的“1分”是不等值的。教育测量的单位是不能直接加减乘除的。

（3）测量对象的复杂性。教育测量的对象主要是幼儿的精神属性。首先，它

① 陶保平. 学前教育科研方法[M]. 修订版. 上海：华东师范大学出版社，2006.

是内在的,不能直接测量。其次,它是多变的。因为,幼儿的智力、学业成绩、品德等各方面情况是在不断变化、发展的,随着年龄、年级的升高,这些特性将会发生变化。另外,有些主、客观因素也会影响测量的结果。如在对幼儿的品德进行测量时,有些幼儿会故意掩饰其本来的品德情况。

(4)测量目的的针对性。任何一个测量都具有明确的目的,教育测量必须为实现教育目的服务,即教育测量是研究者为了掌握幼儿在智力、体质、审美和思想品德等方面的情况,了解教育和教学的效果,以便教育部门更合理地组织教育活动,安排教学内容,选择教学方法,贯彻因材施教策略,促进幼儿在德、智、体、美、劳等方面全面发展的研究方法。我们不能脱离教育目的和教材的要求,随意地制订量表,任意地进行测量。

2. 测量法的适用范围

很多学前教育问题的研究要直接运用教育测量的方法,如幼儿园教育质量的评价问题、幼儿不同层次学习能力的培养与检查问题、改革学前教育评价方式的问题等,既是学前教育研究的重要课题,也是教育测量的重要研究问题。此外,教育测量还是进行教育研究不可缺少的重要手段。教育测量法依赖于测量工具,因此对于研究者有较高的要求,需要研究者能够熟练掌握测量工具(绝大部分时候测量工具由专门人员进行编制,但研究者至少要会使用测量工具),对于非专业人员或者未经培训的人员来讲,测量法是无法使用的。对于一线的幼儿教师和普通的教育研究者来讲,测量法的使用难度是比较大的。

(二)测量法的实施过程

教育测量涉及“为什么要测量”“要测量什么”“怎么去测量”“测量结果怎么分析”等基本问题,因而,教育测量的进行总体上包括以下基本步骤。

1. 确定测量目的

要进行测量,首先要明确为什么要测量。测量有效度要求,即测量对测量目的的有效性。显然,缺乏明确目的的测量不仅是盲目的、无效的,而且可能是有害的。测量无论多么重要,它只是为目的服务的工具,是促进教育目的得以实现的手段,教育测量不应有离开教育目标之外的目的。教育目标是确定测量目的的唯一依据。一个测量的质量如何,关键在于能否有效地促进教育目标的实现。

2. 选择或编制测量工具

明确测量目的后，再明确要测量什么，准备好测量工具。教育测验种类繁多，功能特点各不相同，因此，研究者应根据研究目的选择合适的测验工具。选择测验工具要从现实和适用着眼。教育研究中也常使用自编测量工具，在实施测量前一般要进行预测，进行效度、信度检验分析，保证测量结果具有较高的解释度。对于成就测验（学科测验），还应进行难度、区分度分析。测验能否发挥其应有的功效，不仅取决于测验本身的质量，还取决于能否正确使用测验。

【资料链接】

如何提高测验的科学性和有效性？

为了使测验结果客观、准确而有效，在测验时应注意以下几个方面的问题：（1）测验使用者必须掌握测量学的基本知识，接受过测验技能的训练。了解测验的信度、效度、常模等测量学指标，懂得如何鉴定测验的质量，掌握测验的选择、实施、记分以及测验分数解释的基本原则与方法。（2）慎重选择测验。不同性质的测验有不同的目的、用途，同一性质的测验适用的对象、目的及测验本身的质量等也有所差异，因此，选择测验必须慎重。在选择测验时，测验使用者必须了解具体测验的特点、性质、作用和局限性；所选测验必须符合测量学的要求，即测验是经过标准化的、具有较高的信度和效度；所选测验必须符合测验目的，适合于受测者的年龄和文化程度。

3. 教育测量的实施

有了合适的测验工具，还必须按测验的规定实施测验。（1）施测前，施测人员必须认真仔细阅读测验手册，熟悉测验的内容和具体程序，准备好测验所需的各种材料（如指导语、测验题本、答案纸、作答工具、计时设备等）。（2）施测中，施测人员必须熟练掌握测验的操作程序，严格按照测验手册上指导语的要求实施测验；必须严格控制施测误差，以确保测验结果的客观性和准确性；尽可能创造一个良好的测验环境（安静、通风、光线适宜等）；应尽可能与受测者建立良好的协调关系，减轻和消除受测者的紧张情绪，设法引起受测者对测验的兴趣，取得他的信任，使其发挥出真实的水平。(3)施测后，要完整、准确记录测量结果。

4. 科学解释测量结果

测验使用者应了解测验的记分方法，懂得如何计算测验分数。评分要客观准确、前后一致。测验分数的解释要客观合理。测量结果的统计处理，总体上包括两大方面：一是测量分数的整理和转换；二是测量分数的检验。

分数整理的方法有：①顺序排列，即按分数多少排序；②等级排列，即将按顺序排列的分数编成不同等级；③编制频数分布表。

测量分数的转换是把测量记录的原始分数转换成具有可比性的量表分数，即导出分数，如百分等级分数、T分数、Z分数等。

思考与练习

1. 问卷法的优缺点分别是什么？
2. 实施测验法应注意哪些问题？
3. 实训：请从以下选题中任选一个设计一份调查问卷。

(1)×××幼儿园办学体制改革的调查。

(2)城区儿童的家庭教育状况调查。

(3)农村私立幼儿园园长素质的调查。

(4)3~6岁幼儿早期阅读教育实施情况的调查。

(5)少数民族聚居地区幼儿园普通话教学现状调查。

第三节
质的调查研究及其实施

一、访谈法

访谈法是指调查者通过与被调查者面对面、有目的的谈话来了解情况、收集资料的方法。访谈的内容一般有三：一是事实调查，旨在了解被访者知道的事实情况；二是意见征询，征求被访者对于某一个教育现象或者问题的看法和态度；三是了解被访者的心理动机和内心世界。

访谈法以个别访谈为主，也可以采用小型座谈和团体访谈等，电话访谈和网络视频通话访谈是新兴的访谈方式。

（一）访谈法的特点和适用范围

1. 访谈法的基本特点

（1）灵活。访谈者和被访者直接交往，有利于捕捉和了解所需材料，可以及时调整问题，并且可以通过追问和解释引导获取更深层次的信息。

（2）适用面广。访谈法是访谈者收集正反面材料时，最亲切且最容易深入的一种方法，特别是对学前儿童和文化程度较低的人群进行调查时，访谈法非常奏效。

（3）可控程度强。访谈者在访谈过程中能主动地控制访谈情境，掌握访谈过程中的主动权。

（4）调查样本小。访谈法只能针对较少的调查对象进行，访谈需要耗费较多的时间和精力。

（5）访谈结果易产生偏差。对于敏感性问题，被访者往往回避或者做不真实的回答；访谈者的价值观、态度、语气、谈话技巧等都会影响到被访者。

2. 访谈法的适用范围

就调查对象来讲，访谈法适用于所有类型的调查对象，对被访者的年龄、身份、文化程度等均无要求。在学前教育研究中，访谈法是非常实用的一种调查法。就调查的范围来讲，访谈法适用于小样本的调查，一般来讲，一名访谈者的访谈对象不超过15人。访谈法要求访谈者要在场，所以很难跨越较大的区域进行。因此，在教育调查中，访谈法一般要与问卷法和测验法等方法相结合。

（二）访谈法的实施过程

（1）拟订访谈提纲。访谈提纲的设计主要是在访谈之前明确访谈的要点，列出所要访谈的内容和想要提的主要问题。访谈提纲要简洁明了，最好只有一页纸，访谈提纲中列出的问题仅仅只是访谈者的一种猜测，所以要尽量开放和灵活。

（2）进入访谈现场。访谈者要与被访者建立良好的关系，取得被访者的信任。访谈者应诚恳地做自我介绍和简要地说明来意，征得被访者的理解和支持。在访谈开始前，尽力营造一个适合谈话的情境。访谈的成功不仅需要访谈者打开心扉，而且更需要被访者打开心扉。

（3）恰当地进行提问。访谈过程中的提问，在表述上力求简单、清楚、明了、准确，并尽可能地适合被访者；在类型上可以有开放型和封闭型、具体型和抽象型、清晰型和含混型之分；此外，在访谈的过程中，适时适度地追问也是十分重要的。[①]

（4）准确地获取信息。“倾听”是访谈法收集资料的主要形式，访谈中要讲求多种倾听方式的综合。首先，访谈者要积极倾听，在态度上表现出诚恳和关注；其次，要投入感情地倾听，让被访者感受到你与他“共情”；再者，访谈者要及时地将被访者所说的话语和信息纳入自己的认知结构中，必要时要与被访者进行对话回应，进行自然生动的交流。倾听过程中不轻易打断被访者，为避免跑题，可以适当地调节谈话问题，也要能容忍沉默和学会等待，做一个好的谈话者。

（5）适时适度回应。在访谈过程中，在必要的时候访谈者要将自己的态度、意向和想法及时地传递给被访者，表达自己的认可和理解，适当重述和总结，但应避免随意的评论。访谈过程中应有适当的过渡性话语，可以适当地“自我暴露”，[②]应避免不合时宜的玩笑。除了有声回应之外，点头、微笑、手势、肢体动作等有形语言也是有效的回应。

---

① 陈向明.质的研究方法与社会科学研究[M].北京：教育科学出版社，2000:183-189.

② 陈向明.质的研究方法与社会科学研究[M].北京：教育科学出版社，2000:203-209.

(6)及时做好访谈记录。一般在访谈过程中需要及时用笔记录一些关键信息,同时在征得被访者同意之后,可以进行录音和录像。

(7)适时结束访谈。访谈者应随时关注被访者的情况和反馈,要把握好结束访谈的时机。访谈时间不宜过长,尤其是访谈学前儿童时,应充分考虑幼儿的特点。访谈结束,礼貌致谢。

【资料链接】

访谈幼儿的一些技巧

访谈者应尽可能地和幼儿熟悉,通过与幼儿一起玩游戏与幼儿建立初步的友好关系。

(1)使幼儿乐于回答问题。多和幼儿相处一段时间,消除幼儿的陌生感和焦虑感。

(2)访谈幼儿时应特别注意话语技巧。与幼儿谈话时,应使用幼儿容易理解的词汇,谈话的态度应当亲切和蔼,使幼儿感到安全舒适,并能引起幼儿的兴趣。对于胆小的幼儿要多鼓励,但对幼儿的正式反应,不应有暗示和偏见。不能只在幼儿的回答符合预期的时候才给予幼儿表扬,不论答对与否,都应当给予儿童积极的肯定。

(3)多种方式替代言语。应当根据实际情况,采用非直接提问的方法,把想要了解的问题融汇在儿童喜闻乐见的活动形式中,如做游戏、画图画、讲故事、填句子、背诗词、跳舞等。

(4)把握好谈话的时间。学前儿童的注意时间不长,因此谈话时间尽量不超过30分钟,严格按照程序实施访谈,不随意延长谈话时间,按时结束谈话。在轻松友好的气氛中结束谈话,真诚地向幼儿致谢。

二、观察法

观察法是指研究者凭借自身的感觉器官和其他辅助工具，在教育活动的自然状态下，对研究对象进行有目的、有计划的考察和研究的方法。观察是人类认识周围世界的最基本的方法，也是从事科学研究的重要手段。观察不仅是人的感觉器官直接感知事物的过程，也是人的大脑积极地思维的过程。观察法分为自然观察和实验室观察两类。

(一)观察法的特点和适用范围

1. 观察法的特点

(1)自然客观。在自然状态下即时进行，能够获得生动、具体、直观的第一手资料，同时不会干扰被试者的正常生活和学习；观察资料从被试的常态行为中获得，可以排除被试的主观反应偏差，具有较好的客观性的保证。

(2)时间灵活。观察法既可以对被试进行某一个时段的观察，也可以对观察对象做较长时间的跟踪研究，能获取行为现象发展变化趋势的有关资料。

(3)操作简单，易于实施。在不具备条件展开实验研究等方式时，可以通过有意识的日常观察来考察某些现象和问题。

(4)难以重复和检验。因为在自然状态下获得研究数据，不改变观察对象的各种条件，因此很难控制影响观察的外部因素，难以完全重复观察和检验观察结果。

(5)观察结果易受影响。因受到观察者所持理论和价值观、身心因素的影响，观察记录可能只是观察者“想看到的”，观察材料往往是感性的、片面的，所得资料也因此较难量化，难以进行编码和分类。

2. 观察法的适用范围

从研究范围来看，观察法较多地受到时间、地点、人力等的限制，所以不可能进行大范围、大场面的观察，观察法比较适合于小样本研究。从研究对象上来看，因为成人和年龄较大的儿童易受到观察过程的影响，往往会有不自然的表现，反而年龄较小的儿童不易受影响，因此，非常适合对年龄较小的儿童的研究。

【资料链接】

观察法在学前教育研究中的重要意义①

观察法在儿童研究中具有悠久的历史。许多著名的教育学家、心理学家都曾用观察法研究儿童。瑞士教育学家裴斯泰洛齐早在18世纪就开始用观察法记录他3岁半的儿子的发展情况；我国著名幼儿教育家陈鹤琴持续观察儿子808天，基于观察所得原始资料写成了《儿童心理之研究》一书；瑞士著名的心理学家皮亚杰通过详细的观察和记录，为我们提供了进一步理解儿童认知发展规律的大量事实材料，写成了《儿童心理学》。观察法对于学前教育研究的重要意义表现在3个方面：

第一，采用观察法可以弥补幼儿理解能力和反应方式等的局限，能观测到许多用其他方法无法测量的行为。观察法特别适合于对幼儿行为的研究，旨在考察幼儿的实际行为，并不要求幼儿做出特定的反应，所以可以避免在其他测试方式中有可能发生的不理解指示语、取悦成人，或者以自我为中心等现象的干扰，能观察到许多真实的情况。尤其适合社会和情感领域。

第二，幼儿一般不像成人那样把测试看作很严肃的事情，而是当作游戏一样。观察法主要观察在自然状态下的儿童行为，因为不需要幼儿有意识地认真做出反应，只是记录其真实、自然的表现，所以可以克服正式的测试中幼儿表现不稳定、不可靠的缺陷。

第三，与成人和年龄较大儿童相比较，幼儿不容易受到观察过程的影响，较少对观察产生敏感性，即使在陌生的观察者面前，幼儿仍然能表现出自然行为，因此观察结果具有较高的可信度。

第四，观察法可以为学前教育的实验研究等提出假设做好事实、经验上的准备，为形成见解、建立理论奠定基础，某种程度上说，实验研究即是一种严格控制条件的观察。

① 张宝臣，李志军．学前教育科学研究方法[M].上海：复旦大学出版社，2007:65—66.

(二)观察法的实施过程

1. 观察准备

(1)制订观察计划。在观察计划中,应设定观察目的,明确观察内容,确定观察方式、观察设备和记录的手段。还应根据观察目的和人力、物力确定观察样本。科学观察需要制订严格和规范的观察提纲。观察计划中应当包含上述所有内容,但日常观察的计划可以比较粗线条,以大纲的方式列出观察的主要内容即可。

(2)观察人员培训。在观察实施前,观察人员应当进行适当培训并做好准备。首先,对观察目的和观察重点要了然于胸;其次,熟悉观察设备的操作要领和观察方式的流程。最好在正式观察前做一至两次观察练习。

(3)进入观察环境,培养良好关系。观察人员首先要取得有关部门和园所的许可,获准进入现场。在观察前适当与观察对象接触,消除陌生感,不干涉园所的正常教学活动,不干扰师幼活动。

2. 观察实施

在实施观察的过程中,研究者可以根据研究的需要,采取不同的观察方式。一般来讲,要获得完整的、全方位的信息,并且重视观察情境,最好采用开放式的观察方法,如实况详录法或者日记法,尽可能保留原始信息。如果观察目的明确,观察内容单纯,观察的行为比较具体,则可以用取样观察的方式,按取样方式来说有时间取样法、事件取样两种。

实况详录法:观察者在一段时间内持续不断地、尽可能地记录被观察对象所有的行为动作表现。

日记法:在较长的时间阶段内,反复观察幼儿的行为,持续地记录变化,记录新的发展和新的行为(如婴幼传记法)。

时间取样法:在一定的时期内选取特定时段进行观察。如观察儿童的社会交往行为,可以每周选取两天,每天选取幼儿游戏或学习的时段,每段观察20分钟,持续观察四周。观察者只需要观察选取的20分钟之内发生的行为,其余时间和事件不需要观察。时间取样用于观察具有代表性的、普遍发生的行为。

事件取样法:以特定事件为观察内容,不限定观察时间。研究者可以在一天之内的任意时段去观察,直到观察的事件发生,然后记录下事件的整个过程。事件取样用于观察较少发生的、独特的事情。

3. 观察记录

记录贯穿于正式观察的整个过程。采用什么样的记录方法对于研究成功与否至关重要,在制订观察计划的环节就必须考虑用什么样的记录方式,并准备好观察记录表。常用的观察记录方式有5种。[①]

(1)连续记录法:常用于实况详录法和事件取样法中。具体做法是用纸笔在现场进行连续性的描述记录,也可以借助于录音、摄像等技术将观察对象的整体行为表现记录下来。

(2)频数记录法:常用于时间取样、频率计数、行为核检等方法中。频数记录法是将观察内容列成表格式的清单,依次对某行为出现的次数进行计数,可以用打"√"、画"正"字等方式记录。

(3)回忆记录法:用于日记描述、轶事记录等方法中。即对已经发生的行为事件进行描述性的追忆和补记。

(4)等级评定法:用于等级评定观察中,根据一定的等级标准和量表,对观察到的行为表现进行评定,如用"优、良、中、差""A、B、C、D""1、2、3、4"等表示不同等级。

(5)现代观察技术和记录手段:在对儿童的观察中,各种录音、录像、照相设备和技术得到越来越广泛的使用,实施重点跟踪观察、非临场遥控观察、多场面对比性观察和搜索式观察等,可以更好地记录各种有价值的资料,如瞬间静态资料和动态的过程资料(纪录片、小视频等)。

表3-1　幼儿形状与数概念理解能力观察等级评定表实例

儿童姓名:__________

任务		能	不能
1. 按名称指出图形	圆形		
	正方形		
	三角形		
	长方形		
2. 从1数到10			
3. 正确说出形状名称	圆形		
	正方形		
	三角形		
	长方形		

① 陶保平. 学前教育科研方法[M]. 修订版. 上海:华东师范大学出版社,2006.

续表

任务		能	不能
4.理解概念	较大		
	较小		
5.做出一一对应反应	2物体		
	3物体		
	6物体		
	10物体		
	10物体以上		
6.遵循指令	开始		
	中间		
	最后		

【资料链接】

幼儿社会交往观察日志示例

观察对象：小岚

幼儿年龄：17个月

观察地点：幼儿园活动室

观察时间：8:30~9:00

活动内容：早餐

幼儿行为记录：小岚和其他孩子一起坐在桌边小椅子上吃着糕点。“啊，啪。”她对阮老师说道。阮老师肯定地说：“你要喝果汁，我把果汁拿给你。”阮老师用一块毛巾帮她擦干净黏糊糊的手。她配合着阮老师的动作，并发出声音。“好了，我得给你拿果汁了。”小岚环顾四周其他孩子。她的身体放松，目光平和。“阮老师，阮老师。”当阮老师带着另外一个孩子离开桌边走向餐厅另一端时她叫道。小岚僵坐着开始吮吸手指。她轻声尖叫，挥舞着手，并对走回来但并没有带果汁的阮老师发出粗哑的声音。“你听起来像一只小老虎。”阮老师边笑边说。小岚也笑了。随后她用手敲击着桌子并说道：“喔，喔。”桌边另两个小朋友也开始敲击了。这时，在他们敲击中离开的阮老师再次折返，并带来了一小杯果汁给小岚，她很当心地用双手捧着大口喝下。

解释与说明：小岚是个开朗的孩子，17个月的她很乐意与人交往，尽管她的社交能力还很有限，但是她愿意尝试。她知道自己想干什么，对周围的成人和小伙伴都表现出友好的倾向。

4. 观察资料整理

观察告一段落之后，应当把所有的观察材料加以整理和分析。首先要仔细检查所有的记录材料，对材料进行适当的分类，如有遗漏和错误要及时纠正。材料分好类之后要认真编码和归档，如果材料尚未收集齐全，应当延长观察时间或者增加观察次数，直到收到足够的材料为止。观察材料的整理和分析的具体技术详见第7章。

三、叙事法

叙事法，即教育叙事，通过描述和分析有意义的教学事件、教师生活和教育教学事件经验，来发掘和揭示内隐于日常工作、事件和行为背后的意义、思想或理念，从中发现教育问题，探索教育思想，揭示教育活动的特点。[①]叙，就是描述，具有经验意义的阐述。事，就教育领域而言，主要指与经验成长相关的故事、现场的观察记录和访谈笔录、日志、书信等。教育叙事的目的指向教师对自己教育教学活动的反思，是教师改进和重建自己的教育生活、阐释自己教育生活的意义的过程。

（一）叙事法的特点和适用范围

1. 叙事法的特点[②]

（1）秉承了质的研究方法的基本要素，在自然情景中综合运用多种方法收集资料，以研究者作为研究工具，对社会现象进行整体性研究，使用归纳法分析资料、形成结论。

（2）以教师生活故事为研究对象。教育叙事不主张构建抽象理论和追求宏

① 杨小微.教育研究方法[M].北京：人民教育出版社，2005:112.

② 陶保平.学前教育科研方法[M].修订版.上海：华东师范大学出版社，2006.

大叙述，而是取材于教育现实中的独特故事，从看似平淡的故事当中解读出丰富的价值理念和意义背景。

（3）由解说者描述和分析，解说者就是研究者，可以是教师本人，也可以是研究教师和儿童的人。叙事法特别关注叙述者的亲身经历和主观体验，常常把研究者本人放到叙述故事中去，并且有时故意放大研究者的声音，让读者也了解研究者的所思所想。

（4）不回避对价值的认可。叙事法主张深入被研究者的日常生活，与被研究者感同身受，因此不回避研究者和被研究者的价值观念，不提倡价值中立，并在研究过程中力图揭示事实背后的利益关系和价值选择。

（5）具有一定的情境性和情节性。叙事法不仅仅停留在对孤立事件的描述上，同时考察事件发生和变化时的背景和事件间的联系。叙事法研究的是具有完整情节的有意义的故事。

（6）强调对研究结果的深描和归纳。叙事法追求描述的逼真性和生活写真，强调对故事细节的整体性的、情景化的，甚至是艺术化的动态深描，完整再现事件发生的过程，强调原汁原味和身临其境。

2. 叙事法的适用范围

叙事法对于教育一线的教师来说，具有简单、灵活、便于实施和理解等优点，利于一线教师就地取材，及时反思自己的教育实践，具有其他研究方法不可替代的作用。叙事法特别适合一线教师，对教师专业化程度的提升有积极的作用。但是叙事研究主观性较强，高质量的研究需要研究者具有敏锐的洞察力和判断力，同时具备较好的理论基础和文字表达能力。叙事法难以获得普遍性的结论，难以建构理论，个人故事获得的经验推广力有限，因此叙事研究并非是促进教师积极参与科研的灵丹妙药，需要与其他研究方法配合使用。

（二）叙事法的实施过程

叙事法强调“有事可叙”和“善叙其事”，叙事研究的方式是非常灵活的，而且质的研究不主张固化的研究模式。以下简单介绍叙事研究的基本程序。

1. 确定研究问题

叙事研究关注的问题是广泛的，但这些问题必须是有实际意义和价值的问题，是教学中人们常常遇到的、讨论的问题。切忌将某个理论作为幌子，然后选择教学案例加以佐证。

2. 走进研究现场

身处教学实践中的教师既是研究者又是研究对象时，要求教师以双重身份进入教育现场，发现真实的教育故事，亲身感受并阐发教育的意义。参与式观察和深度访谈是叙事法中常用的获取资料的手段。

3. 选择教育故事

选择教育故事是研究者在现场收集资料的过程，也是使研究深入的必要步骤。教育故事必须来自生活，基于真实的教育实践，关注整个真实的教学情境。研究者既关注有意义的“教育事件”，也关注意外的“教育冲突”；既关注成功的教学效果，也关注失败的教学遗憾。

4. 叙事写作

研究者在归纳分析全部资料的基础上，去粗取精，去伪存真。叙事法中的材料处理有独特的方法。在叙事法写作过程中，研究者应尽可能深描教师在教育事件发生时的内心状态，将教师的教育理念、教育思想和教育情感渗透其中，显示教师在研究过程中反思和重构自己的教育生活的历程，揭示这一历程对于教师成长的意义。

【资料链接】

教育叙事与其他文体之辨析

（1）教育叙事与教育案例。教育叙事重在让读者有所感，教育案例重在让读者有所知；教育叙事强调情节和矛盾冲突，教育案例强调实例和深刻含义；教育叙事一般无须理论总结，重在阐释某种意义，教育案例必须上升到理性分析，要揭示一定的道理；教育叙事允许一定的艺术加工，教育案例必须忠于事实。

（2）教育叙事与教学论文。教学论文以说理为目的，以议论为主，附以论证，是讲道理；教育叙事以叙事为目的，兼有说明和议论，是讲故事。

（3）教育叙事与教学实录。教学实录是有闻必录，是对全过程的完全纪实；而教育叙事则有不同的主题，可以是教学过程中的某一个方面、某一个情境或者一个片段。

（4）教育叙事和教学设计。教学设计是预先设想的教学思路，是对准备实施的教学过程的表述，是一种预测；教育叙事是在教学发生之后，对教育的一种回忆。

（5）教育叙事和业务自传。业务自传是将教师的教学业绩按照时间经历记录下来，写法上以铺陈为主，注重因人记事；教育叙事则是叙议结合，是教师反思自身教育教学行为的一种形式，注重因事述理。

思考与练习

1. 谈谈观察法为什么特别适合学前教育科研活动？

2. 简述访谈实施过程中提问和应答的技巧。

3. 叙事法有哪些特点？

4. 自选主题并选择一种合适的观察方式实施一次观察研究。

练习题

1. 研究者在选定的时间内对研究对象的特定行为进行观察和记录，该观察方法为（ C ）

A. 自然观察　　B. 参与观察法

C. 事件取样观察法　　D. 时间取样观察法

答案解析：事件取样观察法以观察某一特定行为为目的，时间取样观察法是在一定时间中观察所有行为，因此，此处应为事件取样观察法。

2. 简述观察法的特点和局限性。

答案解析：此题考查观察法的优缺点，属于识记的基本点。

特点：简便易行，注重客观性和目的性；注重观察记录的详备性；是其他许多方法的基础，适用于基础教育研究。

局限性：缺乏控制，被动等待；样本较小，易使结果带有表面性和片面性；难以量化，难以重复检验；易受影响，须获准进入；缺乏匿名性。

3. 简述调查研究一般过程的基本步骤。

答案解析：此题是考查基本知识点，重点是记住三阶段五步骤。

教育调查的全过程，一般分为三阶段五步骤：一为准备阶段，包含确定调查课题和制订调查计划两个步骤；二为实施阶段，包含实施调查、收集资料一个核心步骤；三为总结阶段，包含整理分析资料和总结撰写报告两个步骤。

4. 按顺序，一份完整的问卷应包括题目、______、问题、供选择的答案和结束语等部分。

答案解析：指导语。指导语是调查问卷不可缺少的一个部分，简要说明问卷的目的、内容和答卷要求。

5. 名词解释：事件取样观察法。

答案解析：事件取样观察法即以特定事件为观察内容，不限定观察时间，研究者可以在一天之内的任意时段去观察，直到观察的事件发生，然后记录下事件的整个过程。事件取样观察法用于观察较少发生的、独特的事情。

思考与实训

思考：

1. 调查研究有哪些特点？这些特点在学前教育研究中是如何体现的？

2. 调查研究的基本手段有哪些？你是否已经掌握了问卷法、访谈法、观察法、测量法、叙事法等研究手段的实施要领？

实训：

1. 关注你所在地学前教育的实践，选定一个调查研究的主题，如“小班儿童最喜欢的区角活动调查”或“农村幼儿园教师职业幸福感调查”，设计一份调查问卷。

2. 以“如何帮助小班新生克服入园焦虑”为题，设计一份针对幼儿家长的访谈提纲。

3. 以“中班幼儿晨间入园后的活动”为题，设计一份观察计划。

推荐阅读

[1]陶保平.学前教育科研方法[M].第二版.上海:华东师范大学出版社,2006.

[2]陈向明.质的研究方法与社会科学研究[M].北京:教育科学出版社,2000.

[3]朱德全.教育测量与评价[M].北京:高等教育出版社,2016.

[4]王烨芳.学前儿童行为观察与分析[M].南京:江苏教育出版社,2012.

第 4 章

实验研究

实验方法(*Experimental method*)是教育研究的一个重要方法。为了实现教育理论的科学化,必须积极开展各种教育实验。通过实验研究,探索教育规律,验证和检验基本原理和研究假设。因此,作为一个学前教育工作者,应该学习和掌握实验研究这一基本的研究方法。教育实验研究有一定的教育主张和理论构想,通过主动地控制一些变量来探求教育内部诸要素的因果关系,并做出预测,指导教育实践。

学前教育改革的实验研究与科学的实验研究同样都含有实验的假设、控制和检验等要素。不同之处在于学前教育实验研究对环境的控制和结果的检验不那么严格。由于学前儿童年龄的特殊性,学前教育改革的实验研究注重在比较自然的教学情境下,探讨自变量对因变量的影响。

【学习目标】

1. 了解实验研究的含义和基本要素。

2. 掌握教育实验研究的设计和实施，能够运用教育研究的程序和规范来对他人的研究设计、过程进行评判。

3. 了解幼儿园园本课程的内涵及《幼儿园教育指导纲要（试行）》指导下园本课程建设的发展趋势，结合案例掌握实验研究对园本课程建设的促进作用。

4. 了解学前教育制度改革的发展历程，结合案例掌握实验研究对学前教育制度改革的促进作用。

【学习重点】

1. 掌握实验研究的设计效度与变量控制，掌握实验设计的5种格式及其优缺点，以及教育实验的实施。

2. 结合案例掌握实验研究对园本课程建设和学前教育制度改革发展的促进作用。

【知识结构图】

- 实验研究
  - 科学的实验研究
    - 教育实验研究的含义和基本要素
    - 教育研究中的准实验
    - 教育研究中的实验设计
    - 教育研究中的实验实施
  - 作为教育改革的实验研究
    - 基于“园本课程”建构的实验研究
    - 基于学前教育制度改革的实验研究

第一节
科学的实验研究

一、实验研究的含义和基本要素

教育实验研究方法是研究者按照研究目的，合理地控制或创设一定条件，人为地变革研究对象，从而验证假设、探讨教育现象因果关系的一种研究方法。[①]作为一种特定的研究方式，实验研究有着3对基本要素，分别是：自变量与因变量；前测与后测；实验组与控制组。任何一项实验研究，一般都会涉及这些基本要素。可以说，实验研究的这3对基本要素，构成了实验研究所具有的独特的语言。

（一）自变量与因变量

自变量是引起其他变量变化的变量，故也称作原因变量。而因变量则称作结果变量。在实验研究中，自变量又称作实验刺激，而因变量则往往是研究所测量的变量。实验研究的中心目标是探讨变量之间的因果关系，其基本内容是考察自变量对因变量的影响，即考察实验刺激对因变量的影响。与一般意义上的自变量有所不同的是，实验中的自变量通常都是二分变量，即它通常只有两个取值：有和无，即给予实验刺激或不给予实验刺激。

（二）前测与后测

在一项实验设计中，通常需要对因变量(或结果变量)进行前后两次相同的测量。第一次在给予实验刺激之前，称为前测。第二次则在给予实验刺激之后，称为后测。研究者通过比较前测和后测的结果，来衡量因变量在给予实验刺激前

① 裴娣娜.教育研究方法导论[M].合肥:安徽教育出版社，1995:244.

后所发生的变化,反映实验刺激(自变量)对因变量所产生的影响。这种测量既可以是一次问卷调查,也可以是一项测验。

(三)实验组与控制组

实验组是实验过程中接受实验刺激的那一组对象。即使是在最简单的实验设计中,也至少会有一个实验组。控制组也称为对照组,它是各方面与实验组都相同,但在实验过程中并不给予实验刺激的一组对象。控制组的作用是向人们显示,如果不接受实验刺激那样的处理,那么将会怎样,与实验组形成比较。在实验研究过程中,研究者不仅观察接受刺激的实验组,同时他们也观察没有接受实验刺激的控制组,并通过比较这两组对象的观察结果,来分析和说明实验刺激的作用和影响。

【资料链接】

实验研究历史发展的两条基本线索

科学实验萌芽于人类早期的生产活动中,后来逐渐分化出来,从16世纪开始成为独立的社会实践形式。伽利略第一个将实验作为研究自然科学的一种必要方法。培根制定了实验方法论原则,因而被誉为“实验科学始祖”。教育研究从一般教育实践中的实验到19世纪末20世纪初科学的教育实验的形成和运用,前后大约经过了200年。教育实验的形成发展是与现代教育的产生发展密切联系的。总体上分析,教育实验是从以下两条线索发展起来的:一是受自然科学实验方法的影响,二是从一般教育活动本身分化发展而来的。

1. 借鉴、模仿自然科学实验

科学实验法最早用于物理学的研究,后被引入动物学、生理学和医学。实验研究方法通过实验生理学和实验心理学,以人作为研究对象并扩展到教育领域,在20世纪初形成对教育问题进行实验研究的一种潮流,从而产生实验教育学派。实验教育学以自然科学的实验方法为典范、经验主义哲学为理论基础,通过观察、统计、实验等方法研究教育行为。其代表人物是德国的心理学者梅伊曼和拉伊。1901年，梅伊曼首次提出了“实验教育学”的名称，并进行了关于感觉、语言发展、智慧与意志、记忆和艺术欣赏的实验。拉伊在他的主要著作《实验教育学》中提出，只有通过实验，在有意识地简化要素条件下研究教育现象中各种复杂的因果关系，教育才能成为一门科学。

2. 从一般教育活动中分化发展而来

文艺复兴时期以后，受自然科学实验思想的影响，在人文主义思想指导下，瑞士教育家裴斯泰洛齐两次创办孤儿学校，并进行教学制度、初等教育新方法的研究与实验；1840年，法国教育家福禄贝尔创办幼儿园，还有罗素的皮肯希尔学校、蒙台梭利的幼儿之家等等。教育家门按照自己的设想和理论，长期从事教育实验活动。在这种类型的教育实验发展过程中，美国教育哲学家杜威于1896—1904年创办的芝加哥实验学校可称为范型。在中国，有陶行知先生1927年进行的乡村师范教育实验，晏阳初先生于1929年开始的为时7年的平民教育活动实验等。这些典型的教育实验，为教育教学理论的发展提供了丰富生动的依据，同时形成了教育实验的另一种基本类型。

二、教育研究中的准实验

(一)实验研究中的准实验和真实验

在教育中按实验被试是否随机分组，将实验研究分为准实验研究和实验研究。人们常常把实验研究称为“真”实验设计，这是因为它们具有随机安排被试(组)进行实验处理的特征。这样，实验对等组的获得及其在一定范围内的随机波动都归结于随机安排。然而，在进行教育研究时，被试的挑选和组合不可能总是随机的。在教育领域中，有许多被试是既定的，如由一个班级里的学生自然而完整地形成被试群体。当这种保持原样的组运用于一个实验中时，我们便称此实验为准实验研究。这种研究能够为教育做出有价值的贡献，但有一点很重要：研究者对实验结果的解释和推广应该特别慎重。

准实验和真实验的差别就在于实验控制程度不同。真实验要求对被试进行随机分组，并在“人工环境”中进行实验；准实验无须随机安排被试，运用原始群体，在较为自然的情况下进行实验处理。因此，教育实验大多属于准实验。

(二)准实验的含义及优缺点

准实验研究是指一个实验运用原始群体，而不是随机地安排被试进行实验处理。①

准实验是在教育的实际情境中进行的，因而具有推广到教育实际中去的可行性。其缺点是对无关变量缺乏完全控制，实验结论存在一定的误差。准实验研究使用原始组进行研究，无法证明实验组的代表性，从而具有内部效度低、推广性不强的缺点。由于教育实验的情境和教育实验对象的特殊性，许多因素无法进行有效的控制，难以满足一般科学实验的规范要求。准实验研究的优点主要包括:(1)控制水平低。准实验研究不要求对被试进行随机安排，而使用原始的被试群体，在接近现实的条件下进行实验处理。(2)现实性强。准实验研究和实践间的跨度较小，实验结果容易与现实情况相联系。(3)外部效度优于真实验。准实验研究没有过多的人工干预，实验在接近自然的情境下进行，因此外部效度优于真实验研究。

(三)准实验的类型

准实验的产生是由于教育实验发展的需要。一是教育实验中囿于研究对象的复杂性，要建立严格的随机化程序是十分困难的；二是20世纪70年代后更重视生态效度，从实验室研究转入现场情境研究，从而对实验设计提出了更高要求。

准实验设计的特点是:不能按照随机抽样原则抽取被试，一般是以原自然教学班为实验单位，因此具有一定的外部效度。准实验强调对自变量进行操作控制，但对无关变量控制较差，只能对一部分无关变量进行控制。当然，可用统计方法进行控制或将一些无关变量纳入自变量因素来提高它对无关变量的控制能力。

准实验设计有多种类型，其中主要有以下3种:

(1)具有不等同组的仅有后测的设计。这种设计有一个具有实验刺激和仅有后测的实验组，一个仅有后测的控制组。实验组与控制组之间并不具有相似性或相同性，即两组不等同；同时对实验刺激也缺乏控制。

(2)有前测和后测的单组设计。这种设计仅有一个实验组，有前测和后测，也有实验刺激，但是无控制组。

① 袁振国. 教育研究方法[M]. 北京:高等教育出版社，2000：90.

（3）仅有后测的单组设计。这种设计是最简单的实验设计，它比单组设计的组成部分更少，只有实验刺激和后测的实验组。

三、教育研究中的实验设计

在确定研究课题的基础上，研究者必须科学地确定和描述教育实验进行过程中的一系列活动，论述它的内容和方法，这就是教育实验的设计。实验设计是进行教育实验的计划、构架和策略。

实验设计的主要内容是：考虑如何在一个实验中构造、安排自变量及其呈现方式，明确因变量的指标及测定方法、控制无关变量的具体措施，确定取样大小及方法，安排实验的具体步骤及选择适当的统计方法。教育实验设计的研究，主要目的在于以最小的人力、物力消耗获得最大的和最有效的信息资料，并对它进行比较科学合理的统计分析。实验设计在很大程度上制约着实验结果的处理，它是影响一个实验是否有效及有效程度的关键因素。因此，要提高教育实验的科学水平，就要研究实验设计并不断提高实验设计的质量。

（一）教育实验设计的效度

进行实验设计，首先必须要考虑实验效度。所谓效度，就是指实验设计能够回答要研究的问题的程度。教育实验研究效度表示的是教育实验研究结论的准确性和普遍性，一般包括两个方面：内在效度和外在效度。自从坎贝尔（Donald T. Campbell）和斯坦利（Julian C.Stanley）1966年使用“内在效度”和“外在效度”概念以来，各国学者皆沿用这两种效度来讨论实验研究结果的准确性。

1. 内在效度

内在效度指研究结果能被明确解释的程度，即实验者所操纵的实验变量对因变量所造成的影响的真正程度。实验内在效度的高低，取决于对无关变量控制的程度。控制得越好，实验的效果越能解释为由实验处理所造成。反之，控制得越差，实验结果越无法解释。其结果究竟是由实验处理所产生的，还是由其他无关因素所导致的，将难以确定。对于影响内在效度的因素，美国学者坎贝尔和斯坦利认为，有8项因素是影响内在效度的无关变量。

（1）历史（或同时事件、偶然事件）。指在实验过程中发生的没有预料到的影响因变量的事件。例如，研究者想了解一种新的阅读教学方法的效果，先对一组被试实施阅读测验，经过一个学期的新的阅读方法教学后，再使用同样的阅读测验测量幼儿的阅读能力。结果发现后一种测验的分数显著高于前一测验的分数，因此，研究者就下了这样的结论：新的阅读教学方法是较好的方法。这个结论可能不正确，因为在实验进行期间，一些影响因变量的事件可能和实验处理同时发生作用，从而混淆了实验结果。比如，幼儿园在实验期间购进了大量趣味性强的读物，引发幼儿的阅读兴趣；或者幼儿园平时的正规教学也可能介入影响。所以，阅读能力的增强，不能认定为单纯由实验处理所导致。一般来说，实验时间越长，实验受偶然事件影响的可能性就越大。

（2）成熟。被试在实验期间，不论生理或心理都会产生变化。例如，变得更成熟、健壮、疲劳、饥饿、分心或没有兴趣等，这些改变都会影响实验结果。前面提到的新阅读教学方法实验的例子中，被试也会因为年龄增长而在认识能力方面自然发展和成熟，或词汇的自然增长，都可能干扰实验处理的效果，使得阅读能力提高，所以，结果难以单纯归因于新的阅读教学方法。

（3）测验。许多教育实验研究为了比较实验前后的情况，往往在实验处理之前进行测验，但前测的经验常常有助于后测分数的提高，尤其是前后测验的题目基本相同时。因为，被试在经过前测之后，会熟悉测验的技巧和内容，所以，即使没有实验处理的效果，也可能因前测的经验的影响，导致后测分数的提高。

（4）工具。在测量过程中，测量工具（例如试卷、仪器等）不同，评价者身心发生变化（例如评卷者在评价后测时，变得比前测时较为疲劳、粗心或严格）也可能改变实验的结果。还以上述新阅读教学方法的实验为例（O_1 X O_2），如果前测的试题比后测的试题容易，则阅读能力的变化有可能是测量工具不同引起的结果，而非实验处理的效果。同一主试者，对实验处理后的评价，可能会因其对实验较为熟悉，或更了解实验的目的，或因疲劳与厌烦，而改变评价的标准，结果导致实验效果受到影响。

（5）统计回归。在有前测、后测的教育实验中，若以极端分数的学生为对象，容易产生统计回归的现象，使实验结果难以解释。所谓统计回归现象，是指某次测验中成绩特别高或特别低的学生，不管是否接受实验处理，第二次测量的成绩均有向团体平均数回归的趋势。

（6）差异的选择。由于随机抽样和随机分派，所选择的两组或几组被试，在未用实验处理之前，本来各方面能力就会有所偏差或不相等，那么实验结果的不同，就不能说是单纯由实验处理所造成的。所以，在采用两组或多组的实验研究中，研究者必须考虑不同组别被试在各项特质（实际素质）上是否一致。如果组别之间被试的特质不一致，实验结果中出现的差异就有可能是由原来研究组之间所存在的差异所造成的，而非实验处理的结果。

(7)被试的流失。研究样本在实验期间的流失（例如迁居、退学、死亡等），有可能使实验结果难以解释。

(8)选择与成熟的交互作用及其他。前面所述7项因素，因彼此交互作用，将是构成影响内在效度的另一个因素。选择与成熟的交互作用便是常见的例子。例如，研究者要检验某心理治疗方法的效果，选择一些有心理异常的学生为实验组，选择一些心理正常的学生为控制组。在实验处理前，两组均做心理测验，测验表明，异常组的异常倾向分数比正常组的该项分数高得多。在异常组实施异常心理治疗后，再对两组进行心理测量，发现异常组的异常倾向分数大为降低，或接近正常组的该项成绩分数。对这种现象进行分析后认为，这有可能并不是心理治疗所发生的实验处理效果，而是因为选择了一组有自然恢复现象的异常组与一组无自然恢复现象的正常组所造成的。异常组与正常组本来就不同，这是“差异的选择”的因素；实验处理后，异常组发生了自然恢复，正常组则无，这是“成熟因素”。这两种因素造成了此种现象，即选择与成熟的交互作用因素的影响。

2. 外在效度

外在效度指实验结果的概括性和代表性。换言之，就是指实验结果是否可以推论到实验对象以外的其他被试，或实验情境以外的其他情境。一个实验越能实现这个目标，就表示该实验越有良好的外部效度。用男生实验的结果，只适用于男生，而不能推论到女生；用中学生实验的结果，只适用于中学生，而不能推论到小学生，那么，这个实验设计的外在效度（群体效度）就比较低。在实验室里实验的结果，只适用于实验室环境，而不能推论到日常生活情境；在城市实验的结果，只适用于城市，而不能推论到农村，这个实验设计的外在效度（生态效度）也不高。

美国学者坎贝尔和斯坦利认为，有4个因素是影响外在效度的无关变量。

(1)测验的反作用或交互作用效果。测验的反作用指前测对后测的作用；测验的交互作用，指前测与后测的交互作用。前测经验容易影响后测成绩。在有前测和后测的实验设计中，前测的经验往往会限制研究结果的推论性。因为，由于实验处理具有敏感性，平常情境下未曾注意到的问题或现象，这时变得更加敏感和警觉，以致实验效果可能部分来自前测的经验所产生的敏感性。

（2）选择偏差与实验变量的交互作用效果。当研究者选择一些具有独特心理特质的被试做实验时，选择偏差与实验变量的交互作用效果就容易产生。因为这些独特的心理特质，有利于对实验处理造成较佳的反应。例如，如果选择一些具有高智商的学生，进行发现式教学与传统式教学比较，实验结果发现前一种教学法优于后一种教学法。但是这一结果不能推论到实验以外的其他一般的学生中去。因为选择参加实验的对象具有高智商的独特心理特质（选择偏差），他们也许比这种特质低的学生（例如，低智能的学生）更能从发现式教学法（实验变量）中获益。如果将这种结果随意推广到智商水平一般或较低的学生中去，显然会造成推论的错误。

（3）实验安排的反作用效果。由于实验情镜的安排，被试知道自己正在被观察或正在参加实验，他（她）所表现出来的行为，通常与他（她）不知道正在被观察或不是参加实验时有很大的不同。这时，他们往往可能为投研究者之所好而改变正常的行为方式，努力表现出研究者所期望的行为，以获得研究者的欢悦。但被试在非实验情境下的表现，可能与此完全不同。例如，学生知道自己被选择在参加一项新的教学方法的实验，因而在实验期间表现出比平时更高的兴趣和动机，更大的学习主动性和积极性，结果使实验效果产生很大的改变。由此可见，在实验情况下所得的结果，可能和自然情境下的结果大不相同，这就是为什么实验结果常不能适用于日常生活情境的原因。

（4）多重实验处理的干扰。当同样的受试者重复接受两种以上或多种实验处理时，由于前面的处理通常不易完全消失，以至于几项实验处理之间会产生干扰的作用。因此，这种实验的结果只能推论到类似这种重复实验处理的被试，而无法应用于只有一种实验处理的情况。例如，研究集中学习法、分散学习法、整体学习法和部分学习法的效率时，让每位被试重复采用4种方法，如果发现其中的整体学习法的效果最好，研究者并不能将这种结果推论到仅仅接受整体学习法的处理情境，因为整体学习法之所以取得良好的效果，可能是和其他3种方法共同交互作用的结果。

综上所述，实验的内在效度愈高，其结果愈能确认是由实验处理所造成的；而实验的外在效度愈高，其结果的推论范围就愈大。因此，实验的设计必须重视这两种效度。但是在实验情形中，要同时兼顾这两种效度是很难做到的。一般情况下，基础研究比较重视内在效度，而应用研究则比较重视外在效度（在不太影响内在效度的情况下）。

(二)实验设计的类型

实验设计是实验研究的蓝图。它的意义在于给研究者提供如何控制变量、如何分析资料、可以获得怎样的结论的一种构想、计划和策略。为了简明地表示各种研究设计的特征,下面的研究设计将用符号来表示。实验设计的符号及其含义如下。

X:表示一种实验处理,是指操纵的实验变量。

C:表示控制的变量。

O:表示一次测试或观察,是实验处理前或后的观察与测定。

R:表示被试已被随机选择分配和控制。

……:表示不等组间水平的线。

由左至右:表示时间次序或先后。

同一横行的X或O:表示这些X或O是对同一组被试的实验处理。

1. 单组前后测设计的格式及优缺点

格式: G: O_1 X O_2

其中,G表示组,X表示实验处理,O表示对相关变量在实验处理前或后的测量(测验、任务或观察)。

特点:只有一个被试且不是随机选择的,无控制对照组;仅一次实验处理;有前测和后测,用前后测的差大于零来作为实验处理效应。

优点:相同的被试都接受前测和后测,“差异的选择”和“被试的流失”两因素即可被控制。

缺点:实验效果可能受到“历史”“成熟”“工具”“选择与成熟的交互作用”的干扰,可见其内在效度也很差,少用为宜。

2. 非随机分派控制组前后测设计的格式及优缺点

格式:G: O_1 X O_2

G: O_3 O_4

特点:有两个组(实验组与控制组),一般在原有环境下的自然教学班、年级或学校进行,不是随机取样分组,因此控制组与实验组不等,但实验处理可随机指派。由于不能以随机或配对方法去分配被试,因而只能试图去寻找与实验组相匹配的控制组,如在年龄、性别、标准化学科测验分数、上课时的表现以及身体情况等方面,尽可能使组间平衡,两个组等价。两个组都有前后测。

优点：由于使用了对照组，所以在内在效度方面，如被试的成熟，会受到一定的控制，并且可以控制历史因素；在统计分析上，要比单组实验设计的统计分析把握性大一些，教育研究常常采用整组比较设计。

缺点：不是随机分组，选择与成熟交互作用会降低实验效度。

3. 随机分派控制组后测设计的格式及优缺点

格式：R　　X　　O_1

　　　R　　　　　O_2

特点：随机化选择被试和分组，仅实验组接受实验处理，两组均只有后测，没有前测。

优点：能消除前测与后测、前测与自变量的交互影响，内在效度较高；由于随机取样、随机分组以及设控制组，这种设计可控制历史、陈述、测验和统计回归等无关变量的影响。

缺点：这种实验设计不能对被试的缺失加以控制。

4. 随机分派控制组前后测设计的格式及优缺点

格式：R　　O_1　　X　　O_2

　　　R　　O_3　　　　　O_4

这是一种最基本、最典型的实验设计。特点：随机分组；实验组接受实验处理，控制组则不急于接受实验处理；两组均进行前后测。

优点：可以控制"选择""被缺失"等因素对实验结果的干扰；都进行了前后测，便于做对照比较。

缺点：可能产生前测与实验处理的交互作用效果而影响外在效度。

5. 所罗门4组设计的格式和优缺点

格式：R　　O_1　　X　　O_2

　　　R　　O_3　　　　　O_4

　　　R　　　　　X　　O_5

　　　R　　　　　　　　O_6

一种较理想的实验设计，特点：随机选择被试和分组；两组有前侧，两组没有前测；一个前测组和一个无前测组接受实验处理；4个组都有后测。

优点：可以将前测的反复效应分离出来；实验者等于做了4个实验，可以做4次比较。

缺点:往往很难找到4组同质的被试;被试的数目多时,数据分析比较困难。因此一般不适用于探索性实验,而适用于决断性实验。

(三)实验设计的一般步骤

实验设计是一个具有可操作性的步骤。

1. 陈述研究的问题并提出研究假设

要以简明扼要的文字说明研究的问题及研究假设。

2. 确定实验处理

实验处理即教育实验中所要操纵的自变量的变化。按自变量的数目和水平分,实验设计可分为单因素实验设计和多因素实验设计。单因素实验设计指实验中只有一个自变量,被试接受这个自变量的不同水平的实验处理。多因素实验设计指实验中有多个自变量,被试接受几个自变量水平的结合的实验处理。例如,某实验不仅要研究新编教材的特点,而且研究什么教学方法更适合于新教材,这就涉及教材(传统教材与新教材)与教法(讲授法与自学讨论法)两个变量以及它们之间的各种组合。

3. 列举群体、样本、实验单位、抽样方法及样本大小

群体指样本的总体。例如,要研究幼儿的自我控制能力,那么总体就是在园的全体幼儿。样本则是指实验进行的具体单位。实验单位可以是个人、班级,也可以是一个学校、团体,但必须独立接受实验处理并做出反应。

4. 选择因变量及适当的测量手段

对因变量的测定要考虑以下几个问题:第一,要确定所选择的反应变量能够提供有关研究问题的信息;第二,要决定怎样进行测定,如何选用适当的测量方法、度量单位及必要的技术手段;第三,要考虑测量数值的可能准确度。判定该实验需要控制的无关因素,选择控制方法,设计控制过程和预测控制的程度。

5. 选择合适的实验设计并提出伴随这个设计的统计假设

根据实验设计的类型,确定统计检验是用T检验还是F检验。如果分析两个变量或者水平之间的差异性,就对数据进行T检验;如果是3个或3个以上变量或水平之间进行比较,就用F检验,并进行简单效应分析。

四、教育研究中的实验实施

教育实验的实施是实验的实质性阶段。研究者和实验人员应按照实验设计，有条不紊地展开实验。各个阶段和过程的主要任务是按照实验设计进行实验处理；采取有效办法，消除无关变量的影响；收集实验数据和其他实验资料，随时观察和测量操纵自变量所产生的效应。

(一)控制教育实验变量的两个重要内容

1. 寻找两组相同的对象

根据实验研究的分析逻辑的要求，两组对象各方面都必须一样。在实际研究中，研究者为了创造出两组相同的对象，往往采用两种方法：一是匹配，二是随机指派。

(1)匹配。匹配指的是依据各种标准或特征，找出两个完全相同或几乎完全相同的实验对象进行配对，并将其中一个对象分到实验组，而将另一个对象分到控制组的方法。在心理学的实验中，这种方法比较常见。例如，要进行一项有关学前教育的实验研究，需要选择两组“相同”的学生作为实验的对象。可以先对某一个年级的全体学生进行一次智商测验。从学生的智商测验得分表中，发现有两个(或者多个)学生的智商分数为108，就将这两个学生作为一对，并将其中的一个分到实验组，而将另一个分到控制组。同样，又发现有两个(或以上)学生的智商分数为112，也照样一个组分一个；继续找出这样具有相同智商分数的学生对子，同样将他们分别分到实验组和控制组，直到找满实验样本所需要的数目为止。用实验的语言来说，这样做就是“在智商这一变量上对两组学生进行匹配”。应该指出的是，按照上面所介绍的方法进行匹配的两组学生，虽然在“智商”这一变量上完全相同，但他们可能在其他一些变量上又很不相同。比如，可能其中一组的女生比例较高，而另一组中则是男生的比例较高，即两个组在“性别”这一变量上的分布有所不同。同时，由于男生和女生对待学习的态度不同，学习的方法不同，学习成绩也有所不同。因而对于所研究的问题来说，“按照智商分数相等”的标准选择出来的这两个组，仍然没有达到在“性别”上“完全相同”的要求，还必须进一步根据性别进行匹配。推而广之，这两个组的学生除了在性别上有差别外，还会在类似的许多变量上都有所不同。比如学习成绩的好坏、家庭人口的多少、家庭收入的高低、父亲的职业类型等等。因此，要保证两个组的对象“完全相同”，必须在第三个、第四个、……、第 n 个相关的变量上继续进行匹配。这是一项什么样的工作呢？十分显然，要找出两个在一个、两个或者三个变量上相同的对象是容易的，但要找出两个在所有变量上都相同的对象则是完全不可能的。这也即是说，在某种意义上匹配的方法是基本无用的，因为目标是要使两组对象在所有方面都相同，然而，在实际生活中无法做到这一点。

困难来自3个方面：一是现实中往往没有足够的对象供选择。因为随着需要相同的变量数目的逐渐增加，现实中符合条件的对象数目将急剧减少。从实践的角度来看，研究者将在这方面遇到难以克服的困难。二是研究者只能在那些他们已经意识到对因变量可能有影响的变量上进行匹配，而实际生活中还有更多没有被研究者意识到的因素可能对因变量有影响，这些没有被研究者意识到的变量，显然不会被研究者用来对对象进行匹配。三是人的有些特征在实践上是很难测量的，或者说是很难操作化为具体的、可观测的指标的，比如人的“动机”“性格”等。如果不能很好地测量“动机”，就无法在“动机”这一变量上与对象进行匹配。当然，匹配的方法在实际研究中仍具有一定的作用，研究者还是可以在有限的条件下，针对那些与研究所关注的主要问题密切相关的变量来进行匹配，而暂时忽略和放弃其他一些与所研究的问题联系相对不太紧密的变量。只是在这样做的时候有一点应注意，研究的结论应限于一定的范围，下结论时应留有充分的余地。还可以从一种相反的途径来对实验对象进行匹配，即直接将实验组和控制组的总体结构配成完全一样。这种方式与非随机抽样中的定额抽样方法有点相似。例如，假如实验对象共60名学生，其中有40名男生，20名女生，那么，安排20名男生、10名女生到实验组，而另外20名男生和10名女生则分到控制组。这样，实验组和控制组在“组内的性别比例”方面就是相同的；或者说，对这两个组的对象在“性别”变量上进行了匹配。另外，假如这些对象中共有20名学生来自城市，其余40名学生来自农村，那么，在按性别分组的同时考虑到城乡变量的分配，即在分别分到实验组和控制组的30名学生中，都要保证有10名是城市学生，20名是农村学生。这样就在“性别”和“城乡”两个变量上对实验组和控制组进行了匹配。同样困难的是，要想同时考虑实验组和控制组在所有变量上的比例和结构，事实上也是不可能的。人们所能做的往往只是在非常有限的几个重要变量上两组结构相等。

（2）随机指派。随机指派的方法是研究者用来解决实验中两组对象相同性问题的另一种办法。随机指派的逻辑和程序十分简单，即完全按照随机抽样的原理和方法将实验对象随机地分配到实验组和控制组中。具体的操作方法可以有如下3种：

第一种，用抛硬币的方式来决定每一个具体的对象是去实验组还是去控制组。比如，假定要将60名大学生分到实验组和控制组（每组30人），那么，从第一个对象开始，根据抛硬币的结果来决定其去的组别。若硬币正面朝上，则该对象去实验组；若硬币反面朝上，则该对象就去控制组。根据概率原则可知，抛硬币时出现正面朝上与反面朝上的概率各为50%。因而，被分到两个组去的实验对象也基本相等。

第二种，按单、双号来简单地决定每一个对象是去实验组还是去控制组。同样是60名学生，将他们随意地按顺序排列。然后，将号码为单数的，即1，3，5，7，……，59号的学生分配到实验组，而将双号的，即2，4，6，8，……，60这30名学生分配到控制组。这实际上类似于概率抽样方法中的系统抽样法。

第三种，按照排列的顺序或实际抽取实验对象时的先后顺序来决定。比如，将名单中排在前面的30名学生分到实验组，而排在后面的30名学生分到控制组；或者将先抽到的前30名学生分配到实验组，而将后抽到的30名学生分配到控制组。

按照上述3种方法分配的结果是，两个组在各个方面都会比较相似。例如，如果这60名学生中有40名男生，20名女生。那么，在所形成的两个组中，其男女生所占的比例也会接近2∶1。这也即是说，两个组中的性别比与总体中的性别比基本相同。完全一样的道理，这两组学生在其他变量(特征)上的比例也都会与总体中的比例相接近。这样，得到了两个在所有变量上都几乎完全一样的小组。或者说，这两个小组的学生在所有变量(包括那些尚未认识到的和无法测量的变量)上的分布几乎都是相同的。这是随机指派最为重要的作用。可以说，随机指派为人们创造了几乎完全相同的两组对象。之所以说“几乎完全相同”，是因为随机指派仍然存在误差，特别是当对象的数量比较小时，这种误差可能还会很大。所以，在可能的情况下，实验对象应达到一定的数量。

（3）匹配方法与随机指派方法的比较。配对方法的实质是尽可能使实验组和控制组中的成员相互之间在许多重要的背景因素、个人特征因素上完全一样。而随机指派方法的实质则是依据与随机抽样完全一样的原理，用概率论来控制各种干扰变量的出现。不难理解，当人们运用随机指派的方法，从一个总体中选出两个群体时，各种干扰变量会以同样的方式对两个群体产生影响。因为根据概率论，此时所选出的两个群体基本上是两个完全相同的群体。所以，使用后者所进行的实验在准确性和精确性上将超过前者。因为通过概率论可使那些偶然因素像熟知因素一样被把握，所以在匹配法中的那些由于不熟悉而不能控制的因素，也成为可以把握的了。

2. 对自变量的操纵

当研究者能够决定他的实验对象将经历什么，或将接受什么处理和安排时，就说他能够操纵自变量。例如，如果研究者能够决定实验组的学生在新的学期中将接受新的教学法的教学，就说这个研究者能够操纵自变量——“新的教学法”。

实验中对自变量的操纵常常体现在如何恰当地“制造出”这个自变量上。例如，如果人们的假设是“在紧张情境中，吸烟者会吸更多的烟”，那么，“紧张”和“香烟的消耗”是两个主要的变量，其中“紧张”是自变量，它一般可以定义为人们在心理上、精神上的一种压力或负担。要用实验来检验这一假设，前提之一就是要在实验中制造出“紧张”来。人们可以用“必须在规定时间内完成一份数量大、难度大，并且占学期总成绩80%的数学考试”来给一组学生“制造”紧张。然而，许多对教育研究者来说十分感兴趣的变量通常都不能够被操纵。比如，教育研究者通常要探讨学生的性别、年龄、家庭背景或个性特征等是否会影响他们的学习倾向。而学生的这些特征却是研究者无法操纵的，即研究者无法使某个学生的这些特征发生改变。因此，人们往往无法用实验来研究这种关系。与实验相反，调查正好适合这种研究。除此以外，教育研究者还会由于政治的、伦理的原因或限制而不能操纵另一些变量。比如，人们不能为了研究人的社会化过程而把一部分儿童同社会隔离开来，即制造出“缺乏社会接触”这一自变量，以比较这些儿童的成长与那些正常生活在社会中的儿童的成长之间的差别。我们也不能去人为地让一对夫妇离婚，以观察离婚事件对其子女成长的影响。因此，许多对教育研究者来说十分感兴趣的变量通常不能被操纵，正是造成教育学者较少采用实验研究方式的一个重要原因。

（二）实验控制

要正确地解释实验结果，除了具体分析影响实验效度的各种因素外，还必须设法控制一些影响实验效果的无关变量。

1. 实验控制的原则

实验控制有一个基本原则，就是“最大最小控制原则”，意思是使自变量产生最大变化，使其他干扰的变量与误差产生最小的影响。这个原则在英文上称为maximincon principle，“maximincon”是由“maximize”“minimize”“control”3个字缩写组合而成，包括3层意思。

（1）控制实验变量。要使实验变量有系统而且尽量使前后的变化显出差异。例如，要研究时间(自变量)与遗忘(因变量)的关系时，时间的选择应采用1，3，5，7，9，11等不同日期的变化顺序，而不宜采用1，2，3，4，5，6，7，8等不同小时的变化顺序。因为后者变化间差异太小，所产生的结果影响不易辨别。

（2）控制无关变量。要控制自变量之外一切可能影响结果的其他变量，使其保持不变或达到最小变化甚至排除在实验情境之外，务必不致影响自变量与因变量之间的因果关系。

（3）控制测量工具。控制测量工具的选择与使用，务必使误差降低到最低限度。

2. 实验控制（无关变量的控制）的主要方法

（1）消除法。消除法就是通过采取一定的措施，将影响研究结果的各种无关变量消除掉。它是控制无关变量最主要、最理想、最基本的方法。因为无关变量产生的原因各不相同，因此，消除无关变量的方法多种多样。在实验室进行，可以避免许多外界因素的干扰，如研究婴儿对母亲的依恋，在自然状态下很难下结论。再如，研究新的教学方法对教学效果的影响，因为缺课也会对教学效果有影响，所以应予以排除：向家长说明，多病的孩子不选择，也不要额外辅导。

（2）恒定法与平衡法。恒定法就是采取一定的措施，使某些无关变量在整个研究过程中保持不变，这也是控制无关变量最基本的方法。在教育研究中，许多变量是无法消除的，如幼儿的年龄、性别、身高、体重等；再如教师的业务水平、态度，幼儿的课外辅导的机会等，这些因素必须控制。在这种情况下，就需要采取恒定法，通过固定其效果来达到控制它们的影响的目的。

平衡法就是对某些不能被消除，又不能或不便被恒定的无关变量，通过采取某些综合平衡的方式使其效果平衡而对它们进行控制的方法。

（3）统计控制法。当无关变量的影响无法消除或未能加以控制，而其影响已经测定或已知时，可以用统计校正或调整将这些影响从研究结果中排除。比如，在一项比较两种教学方式效果优劣的研究中，由于实验班原来的成绩、学习能力变量不等,此时可求出原来的学习成绩或学习能力与实验效果的相关系数,应用协方差分析对这些变量的影响并加以统计的控制就是统计控制。

思考与练习

1. 什么是教育实验研究?有哪些基本要素?

2. 简述教育实验变量控制的主要方法。

3. 某教师希望研究自主性教育对提高幼儿独立性的影响,试帮他设计一个单组实验设计。

4. 一位教师想研究接受学习与发现学习,哪种教学方法更能促进幼儿创造力的发展,请帮他设计一个实验计划。

第二节
基于教育改革的实验研究

一、基于“园本课程”建构的实验研究

（一）幼儿园园本课程建设

1. 以《幼儿园教育指导纲要（试行）》精神指导幼儿园课程建设

《幼儿园教育指导纲要(试行)》指出:“幼儿园应为幼儿提供健康、丰富的生活和活动环境,满足他们多方面发展的需要,使他们在快乐的童年生活中获得有益于身心发展的经验。”“幼儿园教育应尊重幼儿的人格和权利,尊重幼儿身心发展的规律和学习特点,以游戏为基本特点,保教并重,关注个别差异,促进每个幼儿富有个性的发展。”由此可见,幼儿园教育的目标就是促进幼儿的全面发展,让幼儿度过快乐而有意义的童年。现实的问题是,很多幼儿园把“从幼儿出发建构或改造幼儿园课程”同“编幼儿园教材”等同起来,与“出书”等同起来。幼儿园课程是让幼儿获得全面发展的各种生动有趣的活动。只要幼儿从事的活动是有意义的,幼儿积极参与、充分投入、充满兴趣,幼儿园课程就出现了。建构幼儿园课程是一个行动的过程,不是一个书写的过程,书写仅仅是行动的补充。通过建构或改造,使幼儿园课程更加符合幼儿发展的特点和需要,是所有幼儿教师的权利,也是义务。

幼儿园课程的核心是幼儿经验的获得。幼儿的学习是综合的、整体的。在教育过程中应依据幼儿已有经验和学习的兴趣与特点,灵活、综合地组织和安排各方面的教育内容,使幼儿获得相对完整的经验。《幼儿园教育指导纲要（试行）》指出:“以关怀、接纳、尊重的态度与幼儿交往。耐心倾听,努力理解幼儿的想法与

感受，支持、鼓励他们大胆探索与表达。善于发现幼儿感兴趣的事物、游戏和偶发事件中所隐含的教育价值，把握时机，积极引导。关注幼儿在活动中的表现和反应，敏感地察觉他们的需要，及时以适当的方式应答，形成合作探究式的师生互动。尊重幼儿在发展水平、能力、经验、学习方式等方面的个体差异，因人施教，努力使每个幼儿都能获得满足和成功。关注幼儿的特殊需要，包括各种发展潜能和不同发展障碍，与家庭密切配合，共同促进幼儿健康成长。”幼儿获得经验的过程不只是教师讲解的过程，更重要的是幼儿自己探索、发现、尝试及交往的过程。在这个过程中，幼儿的多种感官参与其中，幼儿的思维和情感参与其中，幼儿主动地相互作用，从而获得了新的经验。从这个意义上说，所谓课程，就是幼儿通过相互作用获得新经验的过程，就是幼儿经历挑战的过程。幼儿园课程的设计，就是设计能让幼儿获得有益经验的机会。幼儿园课程的实施，就是让这种机会变成现实，并不断把握这一过程中不断出现的新机会。课程是为了幼儿的经验，不是为了其他的人和其他的目的。

幼儿园课程就是建立在《幼儿园教育指导纲要（试行）》精神和基本理念基础上的一个活动体系。幼儿园课程需要系统建构，要将科学理念落实到教师每一天的教育行动之中。理念明确后，要充分研究幼儿园的现有资源，为幼儿园课程建构夯实基础。《幼儿园教育指导纲要（试行）》指出：“教育活动内容的选择应遵照本《幼儿园教育指导纲要（试行）》第二部分的有关条款进行，同时体现以下原则：既符合幼儿的现有水平，又有一定的挑战性；既符合幼儿的现实需要，又有助于其长远发展；既贴近幼儿的生活来选择幼儿感兴趣的事物和问题，又有助于拓展幼儿的经验和视野。”因此，幼儿园课程内容是灵活的、应变的，是与幼儿的现实生活紧密相连的，任何“教材”只能是参考。确定课程资源后，就要看幼儿园课程的组织形式。组织方式一旦确定，应该相对稳定，一方面要不断地实践和总结，不断完善；另一方面要避免不断地变化，过于频繁的变化难以形成经验和规律，会影响课程的成效。

2. 园本课程开发的必要性

当下学者对园本课程开发呈现两种态度，一种观点是：幼儿园的课程早已是园本课程了，所以没有必要再提园本课程的开发。另一种观点是：大部分幼儿园目前根本没有能力开发出相对完善的园本课程，所以在条件还不具备的情况下，显然没有必要提园本课程的开发。事实上，园本课程是在幼儿园之“本”基础上建立起来的课程，“本”是指幼儿园的基础、现状，涉及园风、教师、园长的状况、社区的状况以及家长的状况，其核心是本园幼儿发展的现状、现实的需要、生长的环境、发展的特点；而现实中的特色课程往往是旨在培养幼儿某一方面特长的课程。可见，真正的园本课程应是有特色的，但特色课程不一定是园本课程。《幼儿园工作规程》指出，幼儿园应充分利用周围的教育资源，注意幼儿的个体差异，因地制宜地组织教育活动。《幼儿园教育指导纲要（试行）》也强调："城乡各类幼儿园都应从实际出发，因地制宜地实施素质教育；承认和关注幼儿的个体差异。"教育活动目标要以《幼儿园工作规程》和《幼儿园教育指导纲要（试行）》所提出的各领域目标为指导，结合本班幼儿的发展水平、经验和需要来确定；教育活动的组织与实施过程是教师创造性地开展工作的过程，教师要根据《幼儿园教育指导纲要（试行）》，从本地、本园的条件出发，结合本班幼儿的实际情况，制订切实可行的工作计划并灵活地执行；教育活动的组织形式应根据需要合理安排，因时、因地、因内容、因材料灵活地运用。

3. 园本课程的建设

建构园本课程首先必须有明晰的课程理念和目标，加强观念建设，知道自己朝什么方向做、怎样做、为什么要这样做。其次，充分调动全体教师的参与积极性。教师作为园本课程建构的主体，是真正促成并衡量课程是否适合幼儿和班级的关键人员，园本课程建设必须充分动员广大教师。有科学理念支撑、有创造性工作热情、有踏实的专研精神的教师的持久努力，是园本课程得以成就的关键。再次，分步落实，稳步前进。园本课程建设是一项持久的工作，应该从幼儿园的实际出发，长远规划，分步骤地加以落实。最后，坚持有利于幼儿发展的核心标准。在多元、多需求文化发展的当下，针对园本课程建设，各个幼儿园对其理解不同，需求也不同。但不管何时，最有价值的课程都是那种能真正有效促进幼儿发展的课程，园本课程可以多样化，但核心的标准是共同的，那就是最有利于幼儿的全面和谐发展。

（二）园本课程建构的实验研究

基于对实验研究和园本课程建设的了解，不难发现二者之间的关联。园本课程是从幼儿园的实际出发，以幼儿园现实环境和条件为背景，以幼儿现实需要为出发点，充分挖掘幼儿园和社区的课程资源构建的课程。园本课程追求的是适宜于自己的课程，而要确认是否适宜自己，这就需要实验研究来验证。

案例分析

陈鹤琴三期课程实验的科学探索过程①

1925 年秋，陈鹤琴在南京鼓楼幼稚园开创性地启动了幼稚园课程实验研究，这是一次探索性实验，也是一种自然实验，即在教学情景中进行的实验。尤其要指出的是，在自然实验状况下，首先提出实验假设，三期实验的因变量都是鼓楼幼稚园儿童的表现，特别重要的是陈鹤琴根据实验过程出现的情况，严格、认真考查实验自变量，及时做出了非常具体的调整(见表 5−1)，其中自变量包括课程实施、教法、环境、教师的态度、具体做法等范畴，不同时期则有所变化。尤其是对自变量的考查成为陈鹤琴针对课程实验过程的基本准则。

表 4−1　陈鹤琴三期实验研究的对照表

	第一期实验：散漫期	第二期实验：论理组织期	第三期实验：设计组织期
实验时间	1925 年秋冬	1926 年春夏	1926 年秋冬
课程实验假设	一切课程都是儿童自己的，不是老师、父母或者其他成人的装饰品与利用工具 一切课程都是当时、当地儿童自发的活动 教师的任务都是回答儿童的询问、创设环境及提供各种材料 教师的重要责任之一是注意儿童身体的健康、动作的活泼，不让儿童受呆板的束缚		
因变量	三期实验的因变量都是鼓楼幼稚园儿童的行为表现		
自变量	废止通常幼稚园课程的分科形式，让幼儿自由的活动 改进和丰富幼稚园设备，布置极完备的环境，提供相关刺激物，自发地活动 教师通过创设环境，引领儿童去活动或明了某种观念，而非硬性直接地灌输 教师没有固定的工作、休息和预备功课的时间表，应随时指导儿童的活动	教师先要拟定下一周的课程大纲，一般含一个或几个活动单元，每个活动单元围绕一个中心主题，如当时当地的节气、时令、自然现象或社会生活中的风俗习惯 根据大纲，到了星期五，教师和指导员详细讨论课程纲目，决定下周的活动及采取的方法 根据纲目分头去找材料 实行规定课程，教师根据纲目所列的一件一件去做，做不了的，移到下周，不足的，再找新材料来补充	受克伯屈“设计教学法”的影响，打破了学科界限，实验以活动中心主题为主，大中心下有小中心，儿童可依据个人的兴趣，自愿选择单独活动或小组活动，儿童的个性得到兼顾 可以根据儿童临时发生的兴趣和社会上临时发生的事情改变原定计划

① 林培淼．陈鹤琴的课程实验研究对当前园本课程开发的启示[J]．民办高等教育研究，2010(4)：46−49.

陈鹤琴按照以上的实验原则、方案实施以后，通过观察发现在实验的第一期和第二期出现的问题，并进行客观分析（见表4-2），并从儿童、教师等维度进行考究，才做出对上述自变量的调整。

表4-2 陈鹤琴的第一、二期实验后出现的问题分析表

	第一期试验	第二期试验
实验过程出现的问题	因为课程取决于儿童的兴趣，教师备课时只能猜测幼儿可能发生的兴趣，以此来准备材料、预定方法；但儿童的兴趣如电闪石火随时随地地改变，使得教师的备课与之很难恰巧一致 教师忙于应付儿童目前的需要，不易另辟新径使儿童更有效、更迅速的进步，致使其在平面水平上打转 无法引起不好动、怕羞、怯懦儿童的兴趣 因完全以儿童为中心，儿童慢慢变得傲气、倔强起来，注意力难于集中	抑制了儿童的兴趣，儿童临时自发的有教育价值的兴趣与预定课程不合，都只能忍痛割爱地放弃 忽视了儿童个性差异，因为这种课程组织形式团体活动太多，每个儿童不同的兴趣和特点不能兼顾 预定教材常常会与儿童生活实际和真实需要不相适合 因为是预定的连续的课程，许多临时发生的事情很难插入

实验法是陈鹤琴课程实验取得成功的关键，透过整个实验过程可以看出。在三期的实验中，实验假设基本没变，自变量的操作每期都有所不同。因变量随自变量的变化而有不同表现，因变量的变化是衡量是否达到预期实验效果的标准，通过自变量的操作变化来达到预期的实验目的，经过三次的方案变换最终取得了良好的效果。

二、基于学前教育制度改革的实验研究

（一）学前教育制度及其改革

1. 学前教育制度

学前教育制度是国家关于学前教育目的、任务、方针和实施办法的总称，反映了社会政治、经济、文化的发展水平和状况及社会的儿童文化历史传统，受社会政治、经济的发展状况和水平的制约，包括学前教育机构或组织系统、学前教育机构或组织系统的形式和运行规则。学前教育制度具有五种特点：（1）客观性，反映社会政治经济状况对学前教育的要求，受社会生产力发展水平的制约。（2）取向性，有一定的价值取向以及阶级性，其宗旨是为了最大限度地满足和保障广大幼儿及学前教育发展的需要，开发每个儿童的潜能，发展并完善儿童健康

的人格，为保障儿童快乐的童年、适应未来社会发展提供可能性。(3)历史性，学前教育制度会随着时代的变化发展而不断更新。(4)强制性，对幼儿、家长和幼儿教育工作者有一定的强制作用。(5)灵活性，学前教育制度必须符合幼儿的身心发展特点，符合各国学前教育国情，符合时代对幼儿发展的需要；教育方法和管理形式等灵活多样。

2. 学前教育制度改革

自20世纪80年代初开始的我国第三次学前教育制度中的课程改革，是我国学前教育史上最为深刻而全面、受益人群最多的学前课程改革。

(1)1989年颁布的《幼儿园工作规程(试行)》提出"从单纯只是灌输、技能训练，到培养能力，发展智力"，进而研究幼儿各方面的协调发展。从注重考虑教师如何教，到研究幼儿在教育过程中如何从被动受教育转变为主动受教育。

(2)2001年颁布的《幼儿园教育指导纲要(试行)》提出，将幼儿园教育内容划分为健康、语言、科学、艺术、社会五大领域，并且分别阐述了课程目标、内容、要求以及指导要点。正是在这一次次的课程改革中，学前教育课程体系越来越完善。《幼儿园教育指导纲要(试行)》强调幼儿园教育要以幼儿发展为本，要尊重幼儿的人格和权利，要尊重幼儿身心发展的规律和学习特点，要以游戏为基本活动，要保教并重，要关注个别差异，促进每个幼儿富有个性的发展；认定幼儿的学习与发展是一个主动建构的过程，幼儿园教育应注重幼儿自主性的发挥与发展，幼儿园课程要为幼儿提供整合的、情景化、生活化的经验。

(3)《国家中长期教育改革与发展规划纲要(2010—2020年)》《国务院关于当前发展学前教育的若干意见》国发〔2010〕41号提出：①把发展学前教育摆在更加重要的位置；②多种形式扩大学前教育资源；③多途径加强幼儿教师队伍建设；④多渠道加大学前教育投入；⑤加强幼儿园准入管理；⑥强化幼儿园安全监督；⑦规范幼儿园收费管理；⑧坚持科学保教，促进幼儿身心健康发展；⑨完善工作机制，加强组织领导；⑩统筹规划，实施学前教育三年行动计划。

(4)2011年《财政部　教育部关于加大财政投入支持学前教育发展的通知》提出，充分认识财政支持学前教育发展的重要性和紧迫性，以及财政支持学前教育发展的基本原则：政府主导，社会参与，地方为主，中央奖补，因地制宜，突出重点，立足长远，创新机制；提出当前财政支持学前教育发展的重点工作是支持中西部农村扩大学前教育资源、利用农村闲置校舍改建幼儿园、农村小学增设附属幼儿园、开展学前教育巡回支教试点，鼓励社会参与、多渠道多形式举办幼儿园，包括积极扶持民办幼儿园发展和鼓励城市多渠道多形式办园和妥善解决进城务工人员随迁子女入园问题，实施幼儿教师国家级培训计划，建立学前教育资助制度；提出中央专项资金的管理要先有规划，后有支持，科学分配，目标管理；要推进改革，强化监管，提高资金使用绩效，推进教育综合改革，加强精细化管理。

（5）《幼儿园教师专业标准（试行）》教师〔2012〕1号提出，贯穿《专业标准》的基本理念是：师德为先、幼儿为本、能力为重和终身学习。倡导三个维度：第一个是专业理念与师德，包括职业理解与认识、对幼儿的态度与行为、幼儿保育和教育的态度与行为和个人修养与行为；第二个是专业知识，包括幼儿发展知识、幼儿保育和教育知识、通识性知识；第三个是专业能力，包括环境的创设与利用、一日生活的组织与保育、游戏活动的支持与引导、教育活动的计划与实施、激励与评价、沟通与合作、反思与发展。

（6）《3~6岁儿童学习与发展指南》教基二〔2012〕4号提出，将幼儿的学习与发展分为健康、语言、社会、科学、艺术五个领域。每个领域按照幼儿学习与发展最基本、最重要的内容划分为若干方面。每个方面由学习与发展目标、教育建议两部分组成。实施《指南》应坚持以下几个原则：①遵循幼儿的发展规律和学习特点；②关注幼儿身心全面和谐发展；③尊重幼儿发展的个体差异。

（7）《幼儿园教职工配备标准（暂行）》教师〔2013〕1号提出，为规范幼儿园办园行为，促进幼儿园教师队伍建设，满足幼儿在园生活、游戏和学习的需要，确保幼儿接受基本的、有质量的学前教育，促进幼儿健康成长，特制定本标准。《幼儿园教职工配备标准（暂行）》对教职工与幼儿的比例、专任教师和保育员配备、其他人员配备、各级各类幼儿园的合格标准进行了更为详细的说明。

（8）《幼儿园工作规程》（2016年3月1日起施行），其中指出："教师应成为幼儿学习活动的支持者、合作者、引导者。"教师这个角色的定位符合当今世界幼儿教育的发展潮流。在规程总则中，还提出了幼儿园保育和教育目标大致有：增强体质，培养良好生活习惯；发展幼儿智力，培养兴趣、求知欲和初步的动手能力；萌发爱祖国、爱社会、爱集体、爱科学的情感，培养幼儿感受和表现美的情趣和能力等。

（二）学前教育制度改革的实验研究

作为学前教育改革的实验研究，虽然大量地显示为课程与教学改革，但是，当课程与教学改革推进到一定的程度时，就会遇到制度的障碍。就改革所影响的范围和深刻性而言，学前教育制度改革往往大于和优先于课程与教学改革。学前教育制度及其改革往往会引发教育内部的当事人以及整个社会的关注。这些改革可能牵涉学前教育制度的各个方面，比如，幼儿园管理体制尤其是园长选拔与任用体制的改革、教师任职资格制度以及教师待遇制度的改革等等。并非所有教育改革都显示为教育实验，不少教育制度改革只是自上而下地推行而不选择自下而上的实验路径。另外，有些教育制度改革虽然采用了实验的路径，但并没有形成正式的实验研究报告。

【资料链接】

陶行知的"实验研究"

图5-1 陶行知

陶行知认为："普及教育的最大难关是教师的训练。"教师的素质是事关一个幼稚园成败的关键，政府必须有相当机关培植师资。在当时的中国，幼儿教师的培养面临两个问题，一是经费不足，二是训练不得法，亟须探索出一条新途径。陶行知反思了当时的师范教育，提出了改革幼稚师范教育和运用艺友制培训学前教育师资的主张。由于各种条件的限制，不可能每区县都创办幼稚师范，陶行知认为可以先在每省创办试验幼稚师范，一方面可以培植幼稚园师资，另一方面也是为在全省推广幼稚师范提供经验。

陶行知批判了当时的幼稚园一味模仿外国，在器材、课程等各个方面缺乏中国本土特色的现象。他在《审查编辑幼稚园课程与教材案》中指出，"全国所有幼稚园的课程与教材，多半是从外国来的，不很适合国情。"他认为中国的幼稚园应在借鉴外国幼稚教育经验的同时，立足于本土，既要利用外国材料中具有普遍性、永久性的精粹，又要开发中国农村社会丰富的资源，运用科学的方法去实验、去建设，使幼稚教育理论扎根于本土。在陶行知看来，外国传来的东西在传入时恐怕已经不新了，而且，国情不同必然需要不同的教育来适应。农村丰富的资源可以成为幼稚园的教材，农村的一草一木、民谣神话、手工杂艺，都能够起到开发儿童智力的作用，这既解决了教材的问题，也使得幼稚园可以邀请农村本地手艺人来担任教师，只要有一技之长的学生家长，都可以到幼稚园教学。这样可以用最经济的方式扩大学前教育的范围，使更多的幼儿接受适合自己的、便宜的、科学的学前教育。

案例分析①

一、问题的提出

2~3 岁幼儿的社会性行为，一般是指个体社会化进程中，幼儿可能养成符合社会文化要求的行为态度、行为方式、行为技能和行为习惯。希望本研究能够对生活在集体教养机构中的2~3 岁幼儿社会性行为培养的目标和内容组织与方法等问题做出探索，为建构我国学前儿童道德启蒙教育的课程多提供些实证研究的依据。

二、实验前的准备工作

1.2～3岁幼儿社会性行为的培养目标

我们根据3岁前幼儿发展的研究和教育的资料、幼儿园品德教育的目标及长期的托儿所实践经验，把2~3 岁幼儿的社会性行为培养目标初步规定如下。

(1)能获得初始的生活技能和卫生习惯。

(2)能具有最初步的对人、对物的积极情绪和正确态度。

(3)能懂得和遵守基本的集体生活规则，获得初始的规则意识和角色感受，逐渐形成某些习惯性的亲社会行为。

(4)理解简单的行为评价语词，能对自己和周围人经常发生的行为做出简单的判断。

---

① 楼必生.科学教育:先学前期儿童潜能开发——0~3岁儿童潜能开发的理论与实践[M].西安:陕西师范大学出版社,2000:240-247.

2. 选定实验班级

以南京师范大学托儿所的大托(二)班为实验班，实验开始时的儿童年龄为2岁1个月至2岁11个月，人数25名，分大小两组，大组13人，年龄从2岁7个月至2岁11个月；小组12人，年龄从2岁1个月至2岁6个月。大组中有7人是从小托班升入，其余都来自家庭，全部是独生子女。

3. 实验前班级情况分析(略)

4. 确定实验内容和要求，制订教育活动计划

我们根据社会性行为的培养目标和本班的具体情况，确定了五项可操作的行为进行培养，并为每项行为设计了具体的教育目标和内容，把全部内容融进了教育活动加以贯彻。这五项行为的内容如下：

(1)情绪教育：高高兴兴上托儿所。

(2)礼貌教育：宝宝有礼貌。

(3)卫生教育：宝宝讲卫生。

(4)爱惜物品教育：宝宝爱玩具。

(5)同伴关系教育：团结友爱就是好。

5. 确定教育效果的测查内容

由于3岁前幼儿行为测量比较困难，所以只能测查其对行为的理解判断能力。

(1)测查工具：8对好坏行为的图片，共16张。

第一对 情绪识别：知道笑比哭好。

第二对 礼貌问候：知道早上应说“老师早”，离园应说“老师再见”；有礼貌比没礼貌好。

第三对 生活能力：知道进餐吃得干净比吃得不干净好。

第四对 生活能力：知道讲卫生(保持双手和衣服干净)比不讲卫生好。

第五对 爱图书：知道轻轻拿书、看书比撕书好。

第六对 爱玩具：知道爱护玩具、收拾玩具比扔、抢玩具好。

第七对 关心同伴：知道谦让玩具比抢夺玩具好。

第八对 团结友爱：知道帮助同伴比欺侮同伴好。

(2)测查方法。分别向每个幼儿依次呈现8对图片,询问以下问题:

①这个小朋友在干什么?那个小朋友在干什么?

②你喜欢哪个小朋友?不喜欢哪个小朋友?

③你为什么喜欢这个小朋友,不喜欢那个小朋友?

(3)评分评级标准。若回答正确,第(1)题得2分,第(2)题得1分,第(3)题得1分,每对图片满分为4分,总分为32分。

以8分为一个等级,可分为4个等级。1~8分为一级,9~16分为二级,17~24分为三级,25~32分为四级。

三、教育实验进程

(一)前测

由实验人员对实验组的25名幼儿逐个进行提问、评分、定级并统计整理。

(二)教育活动的实施

实验从秋季儿童入所后的第二个月开始。做法如下:

(1)每周由负责教育实验的教师分别为大组和小组幼儿组织社会行为教育活动,每次10分钟。

实验人员进行现场观察,活动结束后,与实验教师共同讨论、分析活动过程及幼儿的反应,研究其原因,提出改进意见。

(2)把社会性行为的目标要求渗透在一日生活的各个环节中,随时对幼儿的良好社会行为进行观察记录与强化。

(3)加强与家长的联系,家所配合,共同教育。

(三)学期末进行后测:各项要求均与前测相同

为了排除自然成熟因素对成绩的影响,实验结束后我们对本所另一平行班进行了同项目的测查。对照班与实验班的幼儿在年龄、家庭文化背景、教师等诸方面的条件基本相同,只是平行班没有专门进行“社会性行为”的系列教育活动,而是和过去那样一般性地进行常规教育。该班人数24人。

(四)教师对幼儿行为变化的评价

实验结束后请本班的两位教师按平时的观察印象分别对每名幼儿的行为评定排序,取其平均数,作为行为认知的对照。

四、结果分析(略)

五、结论和启示(略)

本研究采用实验法对3岁前幼儿社会性培养进行研究,实验前期准备充分,包括对幼儿社会性行为目标的阐述、对班级的选择以及分析、实验内容制订以及实验测量工具的选择。实验步骤清晰完整,包括实验前测、实验处理和后测。研究采用准实验设计,对无关变量如年龄、文化背景、教师因素等进行严谨的控制。总体而言,这是一项较为严谨、科学的研究,有助于我们学习理解本章知识。同时对教育实践具有广泛的借鉴意义。

思考与练习

1. 教育实验法有什么特点?
2. 简述学前教育科学研究的含义。

练习题

1. 简述科学研究的特点。

答案解析:(1)具有高度的自觉性和组织性;(2)具有自觉的继承性与创造性;(3)具有极强的探索性。

2. 简述科学研究的一般程序。

答案解析:(1)准备阶段:确定研究问题,陈述研究假设。(2)研究设计的发展阶段:设计研究进程,确定研究对象,即选取被试,选择研究的工具和方法。(3)收集资料阶段:主要依据既定的研究计划进行研究观测,有时需要根据研究观测的进展情况,适当修改和完善研究计划,使观测更科学。(4)整理分析阶段:整理分析资料,进行内容分析,登录数据,选择统计分析程序进行统计计算,撰写研究报告,进行理论分析。

推荐阅读

[1]王青宁.实验研究的技能与方法[M].成都:西南交通大学出版社,2007.

[2]舒华,张亚旭.心理学研究方法:实验设计和数据分析[M].北京:人民教育出版社,2008.

第5章 行动研究

在幼儿园的实际工作中，教师总会遇到这样那样困扰自己的实际工作问题，如怎样解决孩子们安静吃饭的问题？怎样激励孩子提出问题？怎样做好特殊儿童教育工作？怎样做好家长工作？怎样提高幼儿的人际交往能力？此外，还有关于自身工作的疑问，如自己辛苦创设的区角是否受幼儿欢迎，是否对幼儿的发展有利？究竟该促进幼儿哪些方面的发展？在做好幼儿教育工作的同时，我怎样提升自我的专业化发展？我有多种组织活动的方式方法，究竟哪一种更有效？我想搞清楚怎样的活动适合怎样的教学方法？对幼儿园园长来说，我想搞清楚老师们有什么教育教学困惑，我想组织教师通过教研活动促进教育教学，我该围绕什么样的中心问题展开呢？教研活动是否有利于促进教师专业化发展？……诸如此类的教育实际问题，行动研究都可以帮助你达成愿望。我们还将在本章中给出行动研究的规范、步骤、注意事项以及具体的案例供学习者学习。

【学习目标】

1. 理解行动研究的含义；了解行动研究的类型；理解行动研究的局限和运用注意事项。

2. 掌握行动研究的程序和方法；学会运用行动研究进行学前教育具体问题研究。

3. 喜欢钻研幼儿教育中的实际问题，主动运用行动研究法开展研究，乐于在合作中研究。

【学习重点】

1. 行动研究的程序和方法。

2. 行动研究在学前教育科学研究中的运用。

【知识结构图】

- 行动研究
  - 行动研究概述
    - 行动研究的含义
    - 行动研究的意义
    - 行动研究的类型
    - 行动研究的特征
    - 行动研究的局限
  - 行动研究的程序与方法
    - 行动研究的程序
    - 行动研究的方法
  - 行动研究在学前教育科学研究中的应用
    - 行动研究在学前教育研究中的意义
    - 行动研究在学前教育研究中的具体运用

第一节
行动研究概述

行动研究起源于美国，1946年由社会心理学家科特·勒温（K.Lewin,1890—1947）提出，是社会科学研究中使用广泛的研究取向，在教育研究，包括学前教育研究中使用非常广泛，是一种质性研究。相比较于调查研究，行动研究是一种较小范围的探索性研究，目的在于解决实际问题，如幼儿教师游戏指导行动研究、幼儿园教师以教研促发展行动研究、幼儿园园本课程开发行动研究等，是在情境和行动中进行研究，有人称之为一种反思性研究，但这种反思性研究是系统的，而不是碎片化的，以区别于一般的教学反思或经验总结。

一、行动研究的含义

行动研究是一种探索性研究，是边行动边研究，把“行动”和“研究”结合起来，把理论与实践结合起来的研究。行动就是研究，研究就是行动。行动研究的问题来源于实践，是自下而上的研究，行动者就是研究者，研究遵循计划、行动、观察、反思、再计划……循环往复，螺旋上升的过程。

“行动研究”这个词语有两个来源，一是在1933—1945年间，柯利尔（J.Coller）等人在研究如何改善印第安人与非印第安人之间的关系时提出的。他们认为研究的结果应该为实践者服务，研究者应该鼓励实践者参与研究，在行动中解决自身的问题。二是20世纪40年代美国社会心理学家勒温与其学生对不同人种之间的人际关系进行研究时提出来的。1946年，勒温将这种结合了实践者智慧和能力的研究称为行动研究。[①]行动研究是一种综合性反思研究，重视研究的情境性和过程性，是“有社会情境（教育情境）的参与者为提高对所从事的社会或教育

① 陈向明.什么是“行动研究”[J].教育研究与实验,1999(2):60-67.

实践的理性认识，为加深对实践活动及其依赖的背景的理解所进行的反思研究”。英国学者埃利奥特（J.Elliott）将行动研究定义为“是对社会情境的研究，是从改善社会情境中行动质量的角度进行研究的一种研究取向。”

二、行动研究的意义

行动研究的意义归结起来，体现在两个方面：第一，问题解决，行动研究是以解决问题为最终目的；第二，个体成长，包括行动者、合作者和研究对象中的个体，教育行动研究一方面促进了行动者个体的专业化发展，另一方面通过解决教育实践问题，最终促进儿童的身心发展。因此，教育行动研究一向被认为是促进教师专业化发展的有效路径。

三、行动研究的类型

根据行动研究的侧重点、研究的发展历程、参与者的反应以及参与者的不同类型，将行动研究分为3类①。

第一类，行动者用科学的方法对自己的行动所进行的研究，研究可以为小规模的实验或大规模的验证性调查。这种类型强调使用测量、统计等科学的方法来验证有关的理论假设，实践者用科学的方法结合自己实践中的问题进行研究，强调行动研究的科学性。

第二类，行动者为解决自己实践中的问题进行的研究，重视参与者个人的资料，如日记、访谈录音、作品等文本资料分析，更强调质性分析。目的是解决实际问题，强调研究对实践的改进功能。

第三类，行动者对自己的实践进行批判性反思，强调对实践理性批判，强调行动研究的批判性，重视理性思辨法的运用。

四、行动研究的特征

行动研究源于具体问题，旨在解决问题。解决问题的过程是一种实践性和反思性研究的过程。同样遵循提出问题、分析问题、解决问题的基本科学研究过程。与其他类型的教育研究方法相比，行动研究具有如下特点。

---

① 张晖.幼儿园教育科研指南[M].南京：南京师范大学出版社，2011:77.

（一）行动者就是研究者

行动研究是实践者对自己的教育实践进行的研究。实践者围绕自己在教育教学实践中遇到的问题展开研究。研究者以问题为中心，制订行动研究的方案，确定研究思路，在观察、反思中不断尝试问题解决的方法，提出解决问题的方案，提炼研究结论。研究者就是研究的主体，研究者本身作为一种研究的工具，参与整个研究过程。当然，这个过程中，研究者通常会需要一些合作者和指导者，如形成教师研究团队、专家的介入指导，但专家只是指导者和帮助者，研究者自己才是真正的主体，要避免"合作的尴尬"，即研究者成为专家的被试，成为专家研究的实际操作者，失去本身的主体地位。

（二）以解决问题和改进实践为目的

行动研究所研究的问题源于行动者的教育实践，因此是一种自下而上的研究，它并不需要多么高深的理论储备，也不是为了形成普适化的研究结论。行动研究旨在解决当下的具体问题，在研究中改进和优化教育实践，其研究的目的非常明确。反之，如果研究不能解决当下具体实践问题或者不能依据研究中的反思去改进教育实践，这不是一个好的行动研究。

（三）行动的过程就是研究的过程

行动研究的过程是边行动边研究的过程，因此具有动态性、即时性、反馈性。行动研究的过程虽然是有步骤的、系统的，但更是动态变化的。在行动研究中，行动者随时可以根据研究进程中的观察、发现和反思，以及出现的新问题对研究进行调整。这个过程本身就构成了行动研究的一部分，因此，行动研究遵循基本的过程，但绝不是严格按照既定的方案进行的，实际上，因为行动研究的问题来源于实践，行动研究是在教育情境中进行的研究，而教育情境是动态变化的，因此研究过程也是动态的，需要根据具体情况调整研究的思路，随时总结、随时反思、随时调整。

（四）研究过程以螺旋上升方式推进

行动研究的过程是：计划—行动—观察—反思—再计划……是螺旋上升的过程。这是由行动研究的过程性特点决定的。行动研究以解决问题为目的，而解决问题不是一次的尝试就可以完成的，因此行动研究允许边行动边调整方案，边反思边改进实践。行动研究能够实现研究成果的"即得即用"，就是说研究进程中获得的任何可靠的研究结论都可以立马在研究中付诸实践，因此，行动研究过程是一个不断把行动推向完美的过程，往往行动研究结束，问题也解决了。也有可能在解决主问题的过程发现了新的需要解决的子问题，于是围绕子问题的行动研究在主问题的行动研究中展开和深入，行动研究围绕中心问题，在不断解决旧问题过程中纳入新的问题。

（五）研究在真实具体的问题情境中进行

行动研究的问题是实践中真实而具体的问题。其问题本身就是实践问题，因此需要行动者在实践中进行研究并解决问题。行动研究力求在真实复杂的情境中研究问题，这是与实验研究那种严格控制研究变量的方法相比最大的不同点，也是行动研究的特色。因此，行动研究是一种综合实践研究法，真实是其最大的特点。

五、行动研究的局限

行动研究作为一种质性研究，是教育教学工作者改善教育教学，提升自身专业化水平的研究方法，易于掌握和操作，为一线教育工作者所乐于接受。但作为一种科学研究方法也有它的局限性，需要行动研究者在研究中加以注意。

（一）容易使行动者无从下手

行动研究有其相对确定的研究程序，但因其研究的过程性、情境性和即时性等特点，使行动研究充满动态变化性，加之，行动研究重视真实复杂的情境，因此其研究过程没有严格的操作标准，只有一个基本的步骤，这容易使对行动研究缺乏正确理解的行动者感到无从下手。因此，一个成熟的行动研究者，在进行行动研究之前，需要学习怎样做行动研究，参加行动研究的培训，以加深对行动研究的理解。

（二）容易被误解为是一般的经验总结和反思

行动研究虽然是一种反思性研究，但它是系统的、完整的，而不是零碎的反思和经验总结。正如现代行动研究倡导者斯滕豪斯（L. Stenhouse）、凯米斯（S. Kemmis）和埃利奥特等认为的，行动研究应具备以下四个关键特征：参与、系统、改进和开放。“参与”即行动者参与整个研究的过程，研究者是行动者的观察者，不是旁观者，是当事人；“系统”即行动研究应遵循“计划—行动—观察—反思—

再计划……”的过程，不是碎片的；“改进”即行动研究的目的是解决问题和改进教育实践，必须将研究投入于实践，而一般的总结和反思往往忽视这一点；“开放”即研究者勇于公开自己的研究结果，表达自己的研究观点，用自己个人化的、本土化语言形成论文等研究成果。

（三）研究的结论不可推广

与科学实验相比较，行动研究注重的是问题情境下的研究，每一问题情境都是独一无二的——尽管有相似性——研究的结论未必能够重复和推广，因此研究的信度和效度往往受到挑战。行动研究只能是一种小范围的具体情境下的探索性研究，其研究结论一般不具有普适性，但行动研究仍然不失为一种非常重要的教育研究方法。

（四）容易陷入“合作尴尬”①

行动研究往往需要与家长、同行和专家进行合作。对于当事人来说，家长、同行和专家都是行动者之外的“他人”。他们的介入一方面能够使行动研究变得顺利，但也可能导致“合作尴尬”，即“他人”的“合作”和“指导”可能会导致行动者自身落入被动地位，成为被“合作”和“被指导”的行动者，这是有违行动研究特征的：行动者就是研究者，是研究的主体。因此行动研究者要在合作中避免这一点。如何避免？行动者需要保持研究独立性，同时需要具备一定的理论驾驭能力和较丰富的实践经验。

【资料链接】

教学案例结构的基本要素②

教学案例结构的基本要素包括：

（1）背景。包括发生了哪些问题或困扰事件，背景介绍重要的是说明故事的发生是否有特别的原因或条件。

① 刘良华．重申“行动”研究[J]．比较教育研究，2005(5)：76-79.

② 郭虹君，朱成科．走出教育理论与实践的“泥沼”——论行动研究在教育理论与实践中的作用[J]．内蒙古师范大学报（教育科学版），2008，21(3)：8-11.

(2)主题。本案例的核心理念，想反映什么问题，从最有收获、最有启发的角度确定主题。

(3)案例问题。围绕主题的各种问题，能够阐述案例的主题，揭示各种困惑，链接有关理论，能够启发读者的讨论和反思。

(4)情景与细节描述。环绕主题，对原始材料进行筛选，剪裁情节，有针对性地描写特定的内容，把关键性的细节写清楚，做到引人入胜。

(5)教学结果。教学措施的即时效果，包括学生的反映和教师的感受等。

(6)诠释与研究。多角度问题讨论，回归到教学的基本层面。

(7)问题讨论。设计讨论作业单，供今后案例教学时其他教师讨论，开放而无终结。

人物介绍

图5-1　科特·勒温

科特·勒温，德裔美国心理学家，拓扑心理学的创始人，实验社会心理学的先驱，格式塔心理学的后期代表人物，传播学的奠基人之一（图5-1）。他是现代社会心理学、组织心理学和应用心理学的创始人，常被称为"社会心理学之父"，最早研究群体动力学和组织发展。1946年，勒温提出"行动研究"概念。1947年2月12日，他因心脏衰竭于马萨诸塞州纽顿维尔突然逝世，终年56岁。勒温对现代心理学，特别是社会心理学，在理论与实践上都有巨大的贡献。

【资料链接】

行动研究的历史与适用范围

一、行动研究的历史

把"行动"和"研究"两者结合起来表述为"行动研究"是20世纪30年代的事情。美国的柯利尔在1933年至1945年担任美国印第安人事局局长期间，安排专业人士和非专业人士结合在一起研究改善印第安人和非印第安人关系的方案。在这一过程中他得到启发，认为专家研究的结果还须依靠实际工作者执行和评价，倒不如让实际工作者根据自身的需要，对自身工作进行研究，或许效果更好。他称此法为行动研究法。的确，专业性的研究需费较长时日，注重实际应用者等待不了取得研究结果后再来解决实际问题。所以对迫切问题的解决，难以采用全面研究的方式，更合适的是就已有资料提出改革措施，一边实施，一边观察分析结果，随时调整修改行为。行动研究法对实际问题解决的这种适宜性使它很快得到发展。

二、行动研究的适用范围

行动研究主要是适用于教育实际问题而不是理论问题的研究，单个教师的行动研究的特点是规模小，研究问题范围窄，具体易于实施，但力量单薄，很难从事深入的、细致的、说服力强的研究。协作性行动研究的特点是可以发挥多个教师的集体智慧和力量，但可能在理论的指导方面较欠缺。

人群

学校范围内的联合行动研究是专业研究人员、教师、政府部门、学校行政领导等组成的较为成熟的研究队伍从事研究。这是较为理想的行动研究，它的特点是有专业人员参与，有较强的理论指导，研究力量大，充分地发挥领导、教师、研究人员的作用。

行动研究的适用范围主要是适用于教育实际问题而不是理论问题的研究，以及中小规模而不是宏观的实际研究。针对教育的实际情景而进行，从实际中来又回到实际中去。

表现

具体表现为：

（1）课堂教学研究将改革措施实施于教学过程；

（2）对课程进行中小规模的改革研究；

（3）教师职业技能训练，提供新的技术和方法；

（4）学校管理评价；

（5）对已确诊的问题所施行的改革措施，如困难学生的教育措施，不良心理行为的矫正，环境因素的变革等。

（资料来源：https://baike.baidu.com/item/行动研究/10765005?fr=aladdin）

本节主要阐述了行动研究的含义、意义、类型、特征和局限。在“资料链接”中提到了教学案例结构的基本要素，可以为读者撰写教学案例以借鉴和启示；人物介绍中简要介绍“行动研究”提出者勒温的基本资料，供有兴趣的读者进一步研读勒温的有关社会研究；介绍了有关于行动研究的历史和适用范围，供读者进一步理解行动研究，有助于读者在不断的尝试研究中掌握行动研究的精髓。

思考与练习

1. 什么是行动研究？
2. 行动研究能帮助幼儿园教师解决哪些类型的教育问题？
3. 行动研究有什么意义？
4. 行动研究具有怎样的特征？
5. 行动研究有哪些局限？

第二节 行动研究的程序与方法

行动研究在学前教育科学研究中已被广泛使用，受到了理论工作者和实践工作者的青睐。但对实践工作者来说，要进行科学规范的研究，必须遵循相应的程序和方法，因为对研究程序和方法的掌握直接影响研究的质量。本节将围绕行动研究的程序和方法问题展开。

一、行动研究的程序

勒温将行动研究的过程描述为："计划—行动—观察—反思—再计划……"的过程，因此，行动研究不同于一般的经验总结，它具有计划性、系统性和反思性，是科学的研究，在具体操作过程中有其具体的程序。[①]

（一）计划

这一阶段的主要问题是明确问题、分析问题，制订行动计划。由于行动研究的问题来源于实践，来源于真实问题，因此计划的制订不是凭空的，行动者要收集大量的第一手资料，并且要收集有关的理论基础与背景知识，在大量事实资料的基础上提出问题，围绕问题的解决制订行动研究计划，包括总体计划和每个具体行动步骤的计划，写明计划的目标、内容、实施步骤、具体研究方法、参与人员、计划保障等内容。为了保障计划的有效实施，行动者需要与合作者共同行动，一起制订计划，分工合作，要重视实施过程中随情况的变化而调整行动计划。

（二）行动

行动，是行动研究的核心步骤。行动就是把研究计划付诸实施。这一阶段要

① 张晖.幼儿园教育科研指南[M].南京:南京师范大学出版社,2011:78-79.

注意两点：第一，遵循行动研究计划有序进行研究，在研究过程中做好研究记录（反思日记、案例等），收集和整理研究素材（档案袋等），确保围绕预期目标进行研究；第二，灵活掌握研究的进度，根据实际情境的变化，机动、灵活地调整计划，不必拘泥于严格的研究程序和步骤，但不可脱离研究的核心问题。

（三）观察

观察即收集研究的资料，监控行动研究的整个过程，及时发现新问题、分析问题和解决问题，调整行动方案（计划）。观察的具体内容包括：[①]（1）行动背景因素及其制约方式；（2）行动过程，包括什么样的人以什么方式参与了计划的实施，使用了哪些材料，安排了哪些主要活动，有无意外变化、干扰，如何排除等；（3）行动结果，包括预期的与非预期的，积极的与消极的。（4）观察的科学性，科学运用观察技术和数据分析技术，采用时间取样、事件取样、日记描述、轶事记录、清单法、行动检核记录与行为编码记录，直接观察与间接观察等手段做好翔实的观察记录，记录确保客观、准确。

（四）反思

反思就是对行动研究的效果进行考察。需要说明的是，反思实际上贯穿行动研究的整个过程，它并不只是在观察环节之后，甚至在计划开始实施时就开始了。反思就是对行动研究的整个过程进行整理和描述，解释和评价，从总体到局部，每一个环节，每一个步骤和细节都可以进行反思。具体可以围绕以下几个方面进行反思：[②]（1）研究的问题界定是否清楚；（2）研究计划是否周密，有无遗漏或多余环节；（3）反思研究方法的适宜性；（4）资料收集和整理是否全面、完整，分析是否客观、可靠；（5）下一步的研究工作如何进行，有何需要调整；（6）之前遇到了哪些问题，接下去该如何避免等；（7）及时根据反思，修正计划，进一步实施并反思。

（五）撰写研究报告

撰写研究报告即研究成果的“公开”，完成这个环节，才算完成了一个相对完整的行动研究。研究报告的呈现方式不拘于某一种模式。一般应包括如下内容：研究背景、问题提出、研究目的、研究内容、研究方法、研究过程、研究结论、总结与反思等。

---

① 刘电芝.现代学前教育研究方法[M].重庆：西南师范大学出版社，2012:290-291.

② 张晖.幼儿园教育科研指南[M].南京：南京师范大学出版社，2011:78-79.

一份完整的行动研究报告格式如下：[①]

1. 题目

2. 摘要

摘要是对研究报告的主要内容的简要概括，文字叙述应尽量精练明了。

3. 关键词

关键词是最能代表和反映研究报告主要内容的概念术语和其他词汇。它的作用主要是便于读者依据所提供的关键词从文献库中检索该报告。

4. 正文

（1）问题的提出和归因：主要包括问题产生的背景、性质、原因等。

（2）措施与行动：说明研究者是如何采取行动步骤进行研究的，所拟订的行动方案的实际实施情况和影响范围，在行动的过程中是如何收集反馈信息的，等等。这一部分是对真实的行动研究过程的描述，但不是记流水账，要呈现研究的要点。另外，对涉及的人名、地名、单位名应改用化名，以尊重和保护研究参与者的权益。

（3）评估与反思：主要是对行动过程和结果、有关现象与原因进行分析解释，说明所进行的活动以及结果的意义，指出计划与结果的一致或不一致的原因，等等。同时也可以对自己的研究进行辩护，如研究目的和动机的合理性、策略和步骤的适切性、研究所收集资料的真实性和深刻性等。

5. 致谢

对在研究过程中给予自己支持和帮助的人和单位表示谢意。

6. 参考书目

列出自己在研究过程中参考过的书目和文章索引。

7. 附录

可附有利于读者进一步了解和借鉴该项目研究的一些原始资料，如研究计划、调查问卷和数据等。

① 荆雁凌．中小学教师怎样进行课题研究（八）——教育科研方法之教育行动研究法[J]．教育理论与实践，2008(8):39-41.

二、行动研究的方法

（一）反思日记法

反思日记法，是指教师将自己的教学实践的某方面，连同自己的感受和体悟记录下来的一种方式，最好以问题为中心而展开记录。反思日记突出“反思”二字，避免流水账式记录。但是要让反思翔实、具体而深入，需要对行动研究的过程有详细的记录。反思日记首先是一种过程性的记录，然后确保这种过程性的记录是具有反思性的。

（二）案例法

案例法可以和反思日记并驾齐驱。反思日记兼顾完整的研究过程和反思，而案例法更注重行动研究中的某一精彩、经典的片段的翔实记录和深刻剖析。它比反思日记更加重视情境性。一个精彩的案例，能够达到以点带面、管中窥豹的效果，在行动研究中最为常用。

（三）档案袋法

档案袋即资料袋，是一种容纳袋，但它不是一个杂物袋，档案袋中收纳的是围绕具体课题（或具体问题）精心挑选、整理和编辑的作品。档案袋不仅是幼儿发展轨迹的展示，也是教师专业化发展轨迹的体现，反映行动研究的过程和重要瞬间。

（四）综合法

行动研究本身是一种综合性的研究方法，包括具体方法：观察法、调查法、案例法、访谈法等。行动研究的过程是调查发现问题—制订行动研究方案—实施行动研究方案—总结反思—调整研究方案—再行动—再反思……如此循环，螺旋上升的过程，这个过程是多种具体研究方法的综合。

三、行动研究的注意事项

行动研究中除了要注意它作为一种方法的局限性，保持研究者自身的研究独立性，避免“合作障碍”外，还需要注意以下几点。

第一，行动者需要提升专业化发展水平，提高理论能力，以更好地驾驭行动研究。

第二，行动研究的动机来源于实际的工作需要，不可为行动研究而行动研究；行动研究来源于实践问题，要收集和掌握丰富的第一手资料，以对问题有准确的把握，行动研究过程中要对这些资料进行详细的分析和诠释。

第三，行动研究具有参与、系统、改进和公开的特征，因此解决问题是行动研究的根本。

第四，并不是所有的实践问题都适合于进行行动研究，只有那些真实的、情境性的、过程性的、合作性的问题才适于行动研究，反过来讲也一样，真正的行动研究应该是具体的、真实的、过程性的、情境性的和合作性的。

第五，行动研究并不是一种孤立的研究方法，在行动研究中会运用观察法、调查法、访谈法等具体的方法，因此行动研究法要与其他研究方法综合应用。

【资料链接】

常用的研究方法

研究方法，哲学术语，是指在研究中发现新现象、新事物或提出新理论、新观点，揭示事物内在规律的工具和手段。这是运用智慧进行科学思维的技巧，一般包括文献调查法、观察法、思辨法、行为研究法、历史研究法、概念分析法、比较研究法等。研究方法是人们在从事科学研究过程中不断总结、提炼出来的。由于人们认识问题的角度、研究对象的复杂性等因素，以及研究方法本身处于在不断地相互影响、相互结合、相互转化的动态发展过程中，所以对于研究方法的分类目前很难有一个完全统一的认识。

一、观察法

观察法是指研究者根据一定的研究目的、研究提纲或观察表，用自己的感官和辅助工具去观察被研究对象，从而获得资料的一种方法。观察方式包括参与式观察和非参与式观察。科学的观察具有目的性和计划性、系统性和可重复性。在科学实验和调查研究中，观察法具有如下几个方面的作用：①扩大人们的感性认识；②启发人们的思维；③产生新的发现。

二、实验法

实验法是通过主动变革、控制研究对象来发现与确认事物间的因果联系的一种科研方法。其主要特点是：第一、主动变革性。观察与调查都是在不干预研究对象的前提下去认识研究对象，发现其中的问题。而实验却要求主动操纵实验条件，人为地改变对象的存在方式、变化过程，使它服从于科学认识的需要。第二、控制性。科学实验要求根据研究的需要，借助各种方法技术，减少或消除各种可能影响科学的无关因素的干扰，在简化、纯化的状态下认识研究对象。第三，因果性。实验以发现、确认事物之间的因果联系的有效工具和必要途径。

三、文献研究法

文献研究法是根据一定的研究目的或课题，通过调查文献来获得资料，从而全面地、正确地了解掌握所要研究问题的一种方法。文献研究法被广泛用于各种学科研究中。其作用有：①能了解有关问题的历史和现状，帮助确定研究课题；②能形成关于研究对象的一般印象，有助于观察和访问；③能得到现实资料的比较资料；④有助于了解事物的全貌。

四、实证研究法

实证研究法是科学实践研究的一种特殊形式。其依据现有的科学理论和实践的需要，提出设计，利用科学仪器和设备，在自然条件下，通过有目的有步骤地操纵，根据观察、记录、测定与此相伴随的现象的变化来确定条件与现象之间的因果关系。主要目的在于说明各种自变量与某一个因变量的关系。

五、个案研究法

个案研究法是认定研究对象中的某一特定对象，加以调查分析，弄清其特点及其形成过程的一种研究方法。个案研究有3种基本类型：(1)个人调查，即对组织中的某一个人进行调查研究；(2)团体调查，即对某个组织或团体进行调查研究；(3)问题调查，即对某个现象或问题进行调查研究。

六、访谈法

这是研究人员通过与被调查者直接交谈，来探索被调查者的心理状态的研究方法。访谈调查时，研究者与被调查对象面对面的交流，针对性强，灵活，真实可靠，便于深入了解人或事件的多种因素，但访谈法比较花费人力和时间，调查范围比较窄。访谈的形式可以是个别访谈，也可以是集体访谈，还可以是非正式或正式访谈。访谈过程有以下四个步骤：开始—倾听—提问—结束。

七、问卷调查法

范围大一些的调查，常采用问卷的方式进行。问卷即是书面提问的方式。问卷调查通过收集资料，然后做定量和定性的研究分析，归纳出调查结论。采用问卷调查方法时，最主要的当然是根据需要确定调查的主题，然后围绕它，设立各种明确的问题，做全面摸底了解。

常用的问卷调查法有四种形式：一是选择法；二是是否法；三是计分法；四是等级排列法。

本节主要阐述了两个问题：一是行动研究的程序，二是行动研究的具体方法。实际上这两个问题，在行动研究过程中是交互的，程序中有方法，方法中体现程序。要掌握科学的行动研究，把握行动研究的精髓，必须掌握行动研究的程序和具体方法。为了拓展读者的方法视野，本节在拓展阅读中介绍了社会科学研究中常用的研究方法，供读者进一步学习和运用。

思考与练习

1. 行动研究的程序有哪些？
2. 行动研究的具体方法有哪些？

第三节 行动研究在学前教育科学研究中的运用

对于实践工作者来说，要理解行动研究并不难，但要学会运用行动研究解决教育实践中的具体问题，规范地开展行动研究并不是一件容易的事情，需要研究者在把握行动研究的程序和方法的同时，深入实践，在实践中深化对行动研究的理解。行动研究本身是实践的学问，只有在行动中才能真正掌握这种方法。本节将以案例的方式，为读者展现行动研究在学前教育科学研究中的运用。

一、行动研究在学前教育科学研究中的意义

（一）幼儿教育特殊性的需要

首先，幼儿是3~6岁的群体，在身心发展方面尚未成熟，语言表达能力、行动能力和思维能力都很有限，在教育研究中，幼儿的这些特点，限制了一些方法的运用，如问卷法、实验法、测验法都不能有效使用，然而，行动研究能够发挥其作用；其次，学前教育的具体问题错综复杂，幼儿的教育与幼儿园、教师、同伴、家长密切相关，教育中需要加强多方的通力合作，加之，游戏是幼儿园基本的活动，幼儿园的教育教学大多以活动的方式展开。教育实践问题具有很强的过程性、情境性和实践性，这些特点非常适合使用行动研究法研究学前教育的实践问题。

（二）促进幼儿教师专业化发展

行动研究是公认的促进幼儿教师专业化发展的有效路径。行动研究作为一种综合性、反思性研究，教师可以在行动研究中，通过发现问题、收集资料、撰写

日记、撰写案例、与专业研究人员进行合作的途径，进行探索、分析、总结和反思，提升自我的专业能力，同时提升研究能力。幼儿教师在教育过程中研究，在研究中成长，在成长中研究。

（三）促进幼儿身心发展

学前教育行动研究的研究问题源于幼儿教育的具体问题，行动研究的过程就是探索幼儿教育的过程。行动研究通过研究幼儿教育的具体问题，解决幼儿教育中的实际问题，改进幼儿教育方式方法，提升幼儿教育质量，最终促进幼儿身心发展。行动研究过程中，围绕教育实践问题，行动者记录、收集和整理幼儿发展的大量第一手资料。行动者通过观察、记录、总结、反思和科学分析，能够尽可能地关注问题情境中每个幼儿的成长，这一方面提升了教师的专业化水平，另一方面也让行动者（教师）更深入地了解幼儿，理解幼儿教育，从而提升幼儿教育质量。

二、行动研究在学前教育科学研究中的具体运用

下面通过实例阐述行动研究在学前教育科学研究中的具体运用。

（一）案例1：幼儿为什么不爱提问？①

1. 发现问题

在某幼儿园工作的费老师，发现幼儿在园普遍不爱提问，于是想通过行动研究了解其原因，并设法解决此问题。

2. 分析并确定问题

针对这一问题，费老师收集了影响幼儿提问的有关文献，了解到影响幼儿提问的多种因素，如幼儿园的学习气氛、教师的教学方法、师生关系、幼儿生活经历、幼儿语言发展水平等等。在此基础上，费老师和其他教师进行了探讨，发现幼儿不爱提问的主要原因是不敢问和不会问。

①杨宏伟.幼儿教师怎样进行行动研究[J].学前教育研究，2004(6):14-15.（标题为编者所加）

3. 制订并实施研究计划

在查阅文献和分析问题的基础上，费老师决定通过访谈和课堂观察进一步了解幼儿提问的具体情况。通过研究，费老师发现，教师对幼儿提问的态度不热情、幼儿园的精神氛围不理想、幼儿一日生活单调和封闭等是影响幼儿不提问的主要原因。

4. 设计并实施行动方案

根据调查结果，费老师设计并推行了行动方案，即创设适于幼儿提问的精神氛围，鼓励幼儿发现问题，提出问题；丰富幼儿的生活，开阔幼儿的视野；帮助幼儿理清思路，引导幼儿用恰当的语言表达疑问。

5. 评价行动方案

在自己的班上采取新措施一段时间后，费老师再次对幼儿的提问情况进行了综合调查，用以评估活动效果。

6. 修正行动方案并再次实施

如果评估证明新方案取得了良好效果，就继续实施这一方案，否则就要分析问题的原因，改进行动方案，重新实施和评价。

通过对案例的分析，我们发现“幼儿为什么不爱提问”是一个完整的，严格按照行动研究步骤推进的行动研究。

首先，行动研究研究的是具体的实践问题，因此在制订行动研究计划之前，必须发现并凝练问题。本案例，费老师发现了幼儿不爱提问的问题，但在正式确定问题之前，费老师查阅了大量的文献并进行了实际调查。可见问题的提出不是随便提出的，并且作为一线教师要提出一个真实的、有价值的问题还是需要做好前期的准备工作，如查阅相关文献，通过调查、观察、访谈、收集作品等方式获取大量的第一手资料，在分析资料的基础上提出问题。

其次，在确定行动研究的问题后，按照行动研究的5个基本步骤：计划—实施—观察—反思—再计划，推进整个行动研究，即费老师的5个步骤：(1)计划——着手制订行动研究计划；(2)实施——设计并实施行动研究方案；(3)观察与反思——评价行动研究方案；(4)再计划——修正行动研究计划；(5)再实施——再次实施。

(二)案例2:一个自闭症儿童辅导的行动研究①

1.问题

小华是一位6岁半的美国男孩。父亲是美国人,母亲是上海人,父母对彼此的母语都不熟悉,日语是他们交流时采用的语言。小华在日本出生。他出生后,常常是在上海住一段时间,又回到日本或美国。三岁前,小华语言发展良好,能够说英语、日语和上海话,三岁之后,就不说话了,并且伴有怪异刻板的行为和莫名其妙的傻笑。不爱与人交往,兴趣狭窄,只喜欢红、绿、蓝、黄四种颜色的积木。2005年,上海精神卫生中心把他诊断为自闭症儿童。

2.计划

2.1 问题分析

小华表现出了社会交往的退缩、语言功能的损害和行为的刻板固着等自闭症儿童常见的特征。针对以上情况,笔者与特教专家进行了讨论,最后认为:小华的问题主要是在生长发育时期,由于环境变化过于频繁,导致了语言发展的混乱。另外,在访谈的过程中,我了解到小华母亲的教育方式比较简单,要么忽视,要么对抗,进而导致了小华对母亲产生了对立情绪,亲子关系紧张,影响了小华心理的健康发展。

2.2 干预内容

在分析现状的基础上,我们对小华确定了以下两方面的干预内容:①重塑温馨和谐的母子关系,促进亲子交流;②针对其发展迟滞的方面进行干预,主要从情感(最基本的情绪)、认知(异类鉴别、图形推理)、行为(小肌肉动作、身体运动)、语言(名、动、形、代、介、数、拟声词)、社会化(交际性动作、问答时的反馈)五个方面对小华进行训练。

3.实施

3.1 组建团队

干预方案制定后由华东师大特殊教育系两名专业研究生、孩子的父亲、

①宋永宁,金野.一个自闭症儿童辅导的行动研究[J].中国特殊教育,2006(4):58-61.

母亲、孩子学校主要辅导老师、孩子的姑姑(心理学博士)组成了一个行动研究团队,团队成员经常性地通过邮件进行联系,并对小华存在的问题进行探讨。

3.2 干预方法

3.2.1 结构化教学

结构化教学是指根据学生的学习目标,对学习环境,包括时间、空间、教材、教具及教学活动,做一种具有系统性及组织性的安排,以达到教学目标的教学方法。在2005年4月1日—5月31日两个月的时间内,笔者作为主要负责人,根据结构化的训练方案对小华进行了31次干预训练,每次训练的时间是2个小时。

3.2.2 地板时间

在亲子互动时主要采用地板时间的方法。所谓地板时间是指家长和孩子在一起玩的时间。在这个时间段里,家长和孩子一起在地板上,尽量顺着他的意图去做自发的、没有经过精心组织的游戏。家长的最初意图就是要与孩子的动机和兴趣一致。在这个过程中让家长理解孩子的情感和分享孩子要传达的意义。笔者每周对小华母亲的亲子互动环节进行一次现场指导。

4.观察

4.1 结果

在干预的前后,我对小华的状况各进行了一次评估。采用的工具是麦克阿瑟沟通发展检测表。该量表具有良好的信度和效度。

4.2 讨论

通过干预,该自闭症儿童在词汇、动作的丰富性方面有较大进步。特别是名词与动词都有较大的长进。但是仍然不能忽视的是他在词汇方面存在的障碍,如他对形容词、人称代词、疑问代词的掌握仍然很困难,究其主要原因是形容词更多地涉及人的内心活动和心理理论的状况,而研究表明,自闭症儿童在这方面是很差的。人称代词与疑问代词都是与人的社会交往与互动紧密联系的,社会交往的障碍正是自闭症儿童的严重障碍。自闭症儿童在社会性方面最大的困难表现在想象力的贫乏上。在量表的第二部分,尽管笔者对其进行了两个月的训练,但是他的装扮性游戏和象征性游戏分数始终没有得到提高。

5. 反思

通过为期两个月的训练,小华在许多方面的状况都表现出了改善的趋势。如果进一步进行干预,那么,他可能会产生更大的改变。在干预的过程中,笔者认为以下几点值得反思。

5.1 训练内容

语言障碍、社会性障碍、想象障碍是自闭症的三个核心障碍。针对症状,国内学者对自闭症儿童的干预内容进行了许多研究,昝飞、马红英等提出自闭症儿童干预的四项内容:非言语交际行为、共同注意能力、社会情感沟通能力、象征性游戏的能力。我们认为在对自闭症儿童进行训练的时候,应该坚持多重干预,即辅导内容要全面,要包含知、情、行、语言以及社会性发展等儿童心理方面的各个侧面。在综合干预的基础上,自闭症儿童才能在缺陷的各个方面获得补偿或重建。

5.2 训练方法

对自闭症儿童的辅导并没有一个固定的方法,关键在于得法。一般认为自闭症儿童的治疗主要有医学治疗、心理治疗、同伴作用策略三种主要的干预方法,实际上,采用何种训练方法往往取决于训练的内容。如在对其进行动作模仿的训练时,物理治疗是比较有效的;而对其进行认知训练时,结构化教学是比较有效的;对其进行沟通辅导时,地板时间的方法是比较有效的。

5.2 训练策略

自闭症儿童的行为是刻板的,他们似乎只有一根筋,只会按照一种方式去做。为了改变这种状况,辅导老师在辅导的时候,要特别把握一个“变”字。如小华在写数字的时候,很愿意从1写到10,每次都是这样,行为有刻板化的倾向。这时,我们就寻求了一种变化,让他从10写到1,或者从5写到10。对珠子进行匹配时,他总喜欢把相同的放在一起,这时,就可以寻找一种变化,在目标盒子里面放上红绿蓝三种不同颜色的珠子再让他进行匹配。对同一个玩具,也可以变一种方法来玩。此种策略对消除自闭症儿童的刻板的特征是有一定效果的。

总之,对自闭症儿童的训练是一个困难的过程。在训练的过程中,我们往往不能通过一两个月就能消除自闭症患者的异常行为。对他们的异常行为过分关注时,异常行为似乎会受到强化;不去关注的话,许多异常行为就会不断地重复。另外,如何防止新的固着行为的发生,也是我们需要进一步思考的问题。如:训练小华学画苹果,他学会了之后,再让他画梨,他还是画苹果,似乎乐此不疲。如何促进其与他人交往也是下一步干预要解决的问题。

通过对以上案例的分析,我们可以看到行动研究完成的步骤:从确定问题开始,然后制订计划、实施方案、观察、反思。所以,确定问题是行动研究的开始。

【资料链接】

斯滕豪斯:首倡"教师作为研究者"的学者

劳伦斯·斯滕豪斯,英国著名的课程理论家,在教育研究和探讨课程的设计发展方面做出了卓越贡献。斯滕豪斯是"行动研究"运动的积极倡导者、著名课程论专家,他特别强调:教师不仅是知识的传授者,而且还是教学情境的创造者。"如果教学要得到更大的改进,就必须形成一种可以使教师接受的并有助于教学的研究传统。"斯腾豪斯提出"教师解放"的思想,认为教师实现自身解放,摆脱"遵照执行"的被动局面,回避家长制作风和极权论,就必须能够专业自主,而通向解放的一条有效路径就是"教师成为研究者"。

行动研究应用中的常见误区[①]

行动研究应用中的常见误区有6类：

1. 有行动无问题定义

常见的情况是，实践者并没有明确研究问题，而是直接从实践中选择一项阶段性的工作或者任务作为研究对象，或者选择的问题是个体解决不了的"宏大问题"，或者是似是而非的"假问题"，抑或是力不从心的"理论问题"（如"教学过程中谁为主体谁为客体"之类的"行动研究"）。

2. 有问题无原因分析

有了原因分析，才能根据行动者的能力提出有针对性的行动方案，否则，只有问题没有原因分析的行动研究将失去方向，甚至南辕北辙，研究的有效性也无从谈起。

3. 有计划无方案论证

常见的情况是，在行动研究过程中，常常看不到行动计划的制订过程，缺少必要的分析论证。行动计划沦为领导的意志或者主观的想象，成为先在之物，而不是研究的产物。

4. 有方案无动态变通

在行动研究过程中方案变化与调整是非常正常的，而且需要研究者根据实际情境随时检讨、即时修正，相反，没有动态地调整研究方案则是不正常的。

5. 有观察无评价反思

评价与反思是在行动和观察之后进行的，它既是行动研究第一个循环的结束，也是新的行动研究循环的开始。研究者不仅要依据观察到的现象、数据、案例等材料对行动的实际效果进行评估，以确认行动是否有效、有效程度如何、问题是否得以解决，还要对有关现象和原因做出分析和解释，找出计划与结果的不一致性，进而确定原有的研究问题、研究计划和下一步的计划是否需要做出修正，以及需要做出哪些修正。没有评价反思的行动研究是不完整的。

---

① 钟柏昌,李艺.行动研究应用中的常见误区——基于过去6年教育类核心期刊论文的评述[J].现代远程教育研究,2012(5):31-35.

6. 有反思无阶段循环

由于行动研究具有扎根一线、情境多变的特点，除了极少数的行动研究通过一轮研究就能够解决问题达到目标外，大部分的行动研究需要经历确定问题、制订计划、采取行动、实施考察、进行反思的循环。行动研究的循环是螺旋上升式的，是一个持续不断反省的循环。下一轮的行动方案，可以是针对相同的问题而采取的不同于前一轮的行动方案，也可以是针对在前一轮研究中发现的新问题而调整的新方案。

本节结合学前教育的特点，阐明行动研究在学前教育科学研究中的意义。通过两个案例的呈现和简要分析，介绍了行动研究的完整过程，供读者在运用行动研究进行学前教育问题研究时研读和参考。

思考与练习

尝试在学前教育科学研究中的运用行动研究解决实际问题。

练习题

1. 什么是行动研究？

答案解析：①行动研究是一种探索性研究，是边行动边研究，把“行动”和“研究”结合起来，把理论与实践结合起来的研究；②行动就是研究，研究就是行动；③行动研究的问题来源于实践，是自下而上的研究，行动者就是研究者；④研究遵循计划—行动—观察—反思—再计划……循环往复，螺旋上升的过程；⑤行动研究是一种综合性反思研究，重视研究的情境性和过程性。

2. 行动研究能帮助幼儿园教师解决哪些类型的教育问题？

答案解析：从理论上讲，行动研究关注三大方面的问题：教育者、教育过程和受教育者。在教育情境中发生的一切具体教育问题都可以利用行动研究的方法进行研究，但是受到具体研究条件的限制，行动研究也并非万能。

3. 行动研究有什么意义?

答案解析:①问题解决——解决教育实践问题;②个体成长,包括教师专业化发展和儿童成长。

行动研究的根本意义在于解决教育中的实际问题。促进个体的成长是行动研究的附加值或结果,如教师在行动研究中获得专业成长,研究的成果运用于指导实践,促进教育,促进儿童发展,是为结果。还有一种情况是边研究边成长,研究的过程就是成长的过程。

4. 行动研究有哪些局限?

答案解析:①容易使行动者无从下手;②容易被误解为是一般的经验总结和反思;③研究的结论不可推广;④容易陷入“合作尴尬”。

行动研究以行动者为研究工具,而行动者是“人”,不同于客观的工具,因此研究具有不可避免的主观性,这就容易因人(人的专业修养、精力、思维方式、问题倾向……各有不同)而致研究差异,甚至使规范的研究流于表面。再者,行动研究的研究对象是来源于现实的教育问题,而现实中的教育问题千差万别,这使研究的结论未必具有普适性。至于“合作的尴尬”,也是因“人”而起的。因此,使用“行动研究”的方法进行学前教育问题研究,需要研究者提升自身的方法论和专业修养,加强研究的规范性训练,加强研究的自主意识。

5. 行动研究的具体方法有哪些?

答案解析:①反思日记法;②案例法;③档案袋法;④综合法。

“答案”所列的四种方法是幼儿教育行动研究中比较常用的具体方法。实际上,具体研究方法并不是僵化、固定的东西。行动研究的具体方法还需要在研究实践中加以更细致的总结,需要学习着不断摸索。

6. 尝试用行动研究法,围绕幼儿园教育中的一个实际问题展开研究,撰写研究报告。

答案解析:参照本章第二节和第三节相关内容要点:①遵循行动研究的程序进行研究;②按照研究报告的格式进行研究报告撰写。

推荐阅读

[1] 王向东.学前教育科研方法与实务[M].上海:复旦大学出版社,2013.

[2] 张宝臣,李兰芳.学前教育科学研究方法[M].第二版.上海:复旦大学出版社,2012.

[3] 张翔升.学前教科研方法与研究性学习[M].上海:华东师范大学出版社,2014.

[4] 刘电芝.现代学前教育研究方法[M].重庆:西南师范大学出版社,2012.

[5] 陶保平.学前教育科研方法[M].修订版.上海:华东师范大学出版社,2006.

[6] 周希冰.学前科研方法和研究性学习[M].北京:高等教育出版社,2014.

[7] 杨世诚,李培胜,隋立国等.学前教育科研方法[M].第二版.北京:科学出版社,2011.

[8] 刘良华.重申“行动研究”[J].比较教育研究,2005(5):76-79.

[9] 郭虹君,朱成科.走出教育理论与教育实践的“泥沼”——论行动研究在教育理论与教育实践中的作用[J].内蒙古师范大学学报(教育科学版),2008,21(3):8-11.

[10] 钟柏昌,李艺.行动研究应用中的常见误区——基于过去6年教育类核心期刊论文的评述[J].现代远程教育研究,2012(5):31-35.

第 6 章

资料的整理与分析

教育科学中对资料进行分析主要从定性和定量两个方面进行分析。定性分析是关于事物性质的分析，通过对所获取的研究资料进行鉴别、分类、汇总、补充和评价，从而使资料能系统、准确、完整地反映教育现象或问题的过程。定量分析是指对收集到的有关数据资料进行描述统计和推断统计分析，目前主要采用统计软件完成定量分析过程。

【学习目标】

1. 掌握对资料进行定性分析的一般步骤和常用方法。
2. 掌握对资料进行定量分析的常用统计图表、统计量。
3. 掌握进行假设检验的基本过程。
4. 学会利用SPSS统计软件对资料进行描述统计分析。
5. 学会利用SPSS统计软件对资料进行假设检验。

【学习重点】

1. 掌握如何对资料进行描述统计分析和假设检验。
2. 学会使用SPSS统计软件进行描述统计分析和假设检验。

【知识结构图】

- 资料分析
  - 定性分析
  - 定量分析
    - 描述统计
      - 统计表与统计图
      - 集中量数
      - 差异量数
      - 相关系数
    - 假设检验
      - 假设检验基本概念
      - 平均数差异的显著性检验
      - 比率差异的显著性检验

（描述统计、假设检验各项：利用SPSS软件完成定量分析）

第一节 定性分析

一、定性分析的一般步骤

确定分析目标 ⟶ 整理分析阶段 { 初步浏览阶段 / 阅读编码阶段 / 分析抽象阶段 }

二、定性分析的常用方法

(一)比较法和分类法

1. 比较法

(1)定义:比较法是根据一定的标准,对不同时期、不同地点、不同情况下所发生的教育现象、教育理论进行考察、分析、鉴别,确定它们的异同点及其关系的一种逻辑思维方法。

(2)类别:①同类比较和异类比较;②纵向比较和横向比较;③专题比较和综合比较。

(3)一般步骤:①确定比较的问题;②确定比较标准;③收集资料并进行比较。④通过对材料的比较分析,最后得出结论。

2. 分类法

(1)定义:运用比较的方法鉴别出事物的异同点,进而将事物划分为不同种类的逻辑方法,就是所谓的分类,“类”是具有某些共同特征事物的集合。

（2）类别：现象分类和本质分类。

（3）分类依据：①根据课题与子课题的关系进行分类；②根据研究目的对资料进行分类；③根据研究问题的关键词内涵进行分类。

（4）分类原则：①每次划分只能按照同一标准进行；②划分应当相应相称；③连续划分应按层次进行。

（二）分析法和综合法

1. 分析法

（1）定义：分析法就是把研究对象的整体依一定的标准，将之区分为相应的各部分、方面、层次、因素，并加以逐一考察，从而认识研究对象本质的一种方法。

（2）注意事项：①必须紧扣研究目标，依据事物的本质特征对事物进行有机的分解，再对分解出来的各局部进行分析，应坚持在“综合”的指导和控制下进行，尽可能时刻地保持着分析和综合的“同步性”（分析不是先于综合而是伴随综合）；②必须尽可能具体地将事物分解成构成它的最简单的要素单位，然后再加以考察。

2. 综合法

（1）定义：综合法是指在分析的基础上，将对事物的各个部分、各个方面和各个因素的认识进行有机地整合，从而在整体上把握事物的本质和规律的一种思维方法。

（2）注意事项：①综合必须与分析相结合；②综合必须超越原有认识。

（三）归纳法和演绎法

1. 归纳法

（1）定义：归纳法是指从已知的个别事实或大量材料出发，概括出一般性或普遍性结论的思维方法。

（2）分类：

- 归纳法
  - 完全归纳法
  - 不完全归纳法
    - 简单枚举法
    - 科学归纳法

2. 演绎法

（1）定义：演绎法是从一般性或普遍性的知识出发，推演出个别结论的一种推理形式。

(2)分类:公理演绎法和假言演绎法。

(3)注意事项:

①一个三段论中只能有三个不同的概念,也就是说,“中项”必须是同一概念,否则就会出现逻辑错误;

②“中项”在前提中至少要有一次是周延的,所谓“周延”,通俗一点就是“全说到”。如果“中项”在大小前提中都是不周延的,推理就会出现逻辑错误;

③在前提中不周延的概念,在结论中也不应周延,否则也会出现逻辑错误。

(四)科学抽象法

(1)定义:科学抽象就是通过对各种具体的经验事实的比较、分析,将那些个别的、偶然的、表面的因素舍弃,而抓住其共同的、必然的、本质的因素,并加以深入的研究,从而揭示事物的本质和规律。

(2)过程:分离——提纯——简略。

(3)注意事项:

①首先应以实践为基础进行抽象,抽象得出的结论尚需再回到实践中检验正确与否;

②科学抽象的东西必须是具有普遍性的东西;

③高层抽象必须能演绎出低层抽象,这里分高层低层是相对的,例如解释性的理论原理与描述性的经验规律相对而言,前者是高层抽象,后者是低层抽象。

(五)结构功能分析法

(1)定义:结构功能分析法就是分析事物或现象的结构或功能的方法。

(2)步骤:①明确分析对象;②分析内部结构和功能;③分析外部功能。

思考与练习

1. 掌握定性分析的常用方法。

2. 学会定性分析方法在学前教育科学研究中的运用,尝试解决学前教育中的实际问题。

第二节
定量分析

教育科学中处理、分析数据资料的主要技术手段就是统计分析方法。所谓的统计分析，是指对收集到的有关数据资料进行整理归类并进行解释的过程。统计分析可以分为描述统计和推断统计两部分。

一、描述统计

（一）统计表与统计图

统计图表就是根据研究所获得的数据资料，用点、线、面、体、色彩等描绘制成统计图，或者用表格形式直观形象地将所有研究的事物或现象的数据特征呈现出来。

1. 统计表

统计表是以表格的形式表达研究资料数量关系的一种重要方式。规范的统计表能高效地表达大量的信息，明显地反映事物的全貌及其蕴含的特征，不仅便于阅读，而且也便于分析、比较、计算和记忆。

统计表一般由表号、标题、栏目、数字、表注等构成。

（1）编制统计表的基本要求。

①表的内容简明、重点突出；标题简洁，能确切表明统计表的内容；表号写在标题的左前方，二者均写在表的上方。

②表的层次清楚，按照逻辑顺序合理排列项目和指标。

③统计表格制作时所用的线条不要过多，以期表格的清晰；表的上下端有顶线和底线，通常用粗实线绘制；表的左右两边纵线可以省去。

④表内的数字要准确，一律用阿拉伯数字表示；单位统一，精确度一致，排列位数对齐；小数点后缺位的要补零，缺数字的项要划"—"。

⑤表注要简短，用小号字写在表的下方。

（2）统计表的类型。

①单项表：统计表仅包括一种多项的比较或仅有一种分类的叫单项表（见表6-1）。

表6-1　××市100名幼儿教师工作尽职情况人数统计表

尽职情况	非常尽职	尽职	非常不尽职
幼儿教师	30	65	5

②双项表：统计表中包括两种事项的比较或有两种分类的叫双项表（见表6-2）。

表6-2　××市幼儿教师与小学教师工作尽职情况统计表

教师类型 / 尽职情况	非常尽职	尽职	非常不尽职
幼儿教师	30	65	5
小学教师	35	50	15

③复合表：统计表中包括两种以上事项的比较的叫复合表（见表6-3）。

表6-3　××市幼儿教师与小学教师工作尽职情况统计表

教师类型 / 尽职情况		非常尽职	尽职	非常不尽职
幼儿教师	男	8	10	2
	女	22	55	3
小学教师	男	15	25	10
	女	20	25	5

④次数分布表：次数分布是指把观测到的全部数据按大小顺序和一定的组距进行分组统计后，各组所含数据个数的分布。次数分布表是指次数分布的列表形式，是一种常用的统计表。例：

50名幼儿数数成绩分别为：

44、45、47、40、40、42、43、36、37、37、38、39、32、32、34、35、34、28、28、29、30、30、31、31、29、24、24、25、25、26、26、26、27、27、20、21、22、22、23、23、16、17、18、19、12、14、15、8、9、10。

以下为编制次数分布表的步骤：

a. 求全距。全部数据中最大值与最小值之差称为全距，用R表示。在例题中R=47−8=39。

b. 定组数。将全距分为若干组时要确定组数。组数用K表示。分组的个数取决于数据容量的大小。根据经验，数据个数在100左右，常分为7~15组。当数据个数较多（比如大于300时），可利用公式$K=1+3.332\lg N$（N指的是数据个数）来估算组数。本组K=10。

c. 求组距。组距就是每一组内包含的距离，用i表示，$i=\frac{R}{K}$，i一般取整数。本例中i=4。

d. 定组限。组限为每一组的起点和终点值。起点为组下限，终点为组上限。上步求得的i为上限和下限的差。本例中，第一组确定为[8，12)，第二组为[12，6)，以此类推最后一组为[44，48)。注意第一组的组下限不能大于数据的最小值，最后一组的组上限不能小于数据的最大值。

e. 求组中值。组中值为上下限的平均值，用m表示，比如第一组的组中值为m=（8+12）/2=10。

f. 统计次数。包括每组的次数和累积次数。

表6-4是根据上面6个步骤制作出来的次数分布表。

表6-4　50名幼儿数数成绩的简单次数分布表

分组	组中值	次数	次数比率	累计次数
[44,48)	46	3	0.06	50
[40,44)	42	4	0.08	47
[36,40)	38	5	0.10	43
[32,36)	34	5	0.10	38
[28,32)	30	8	0.16	33
[24,28)	26	9	0.18	25
[20,24)	22	6	0.12	16
[16,20)	18	4	0.08	10
[12,16)	14	3	0.06	6
[8,12)	10	3	0.06	3
合计	—	50	1	—

2. 统计图

统计图是以几何图形的形式来表达研究资料数量关系的一种方法。它能使事物的数量关系表达得形象、直观，便于理解和记忆。

统计图一般由图号、标题、图目、图形、图注等构成。

(1)绘制统计图的基本要求。

①标题简洁，能正确反映图形所表现的主要内容；图号写在标题的左前方；二者均位于图的下方。

②尺度分点清楚，同一尺度只能表示相同性质的计数单位；用同一图形比较时应使用同一比例。

③横坐标上的数字应自左向右由小到大排列；纵坐标上的数字则由下而上从小到大排列。

(2)统计图的类型。

①条形图：条形图是用宽度相同的长条来表示统计对象的数量或百分比大小的一种统计图。根据反映的资料类别的多少，条形图又有简单条形图和复合条形图等种类。例：

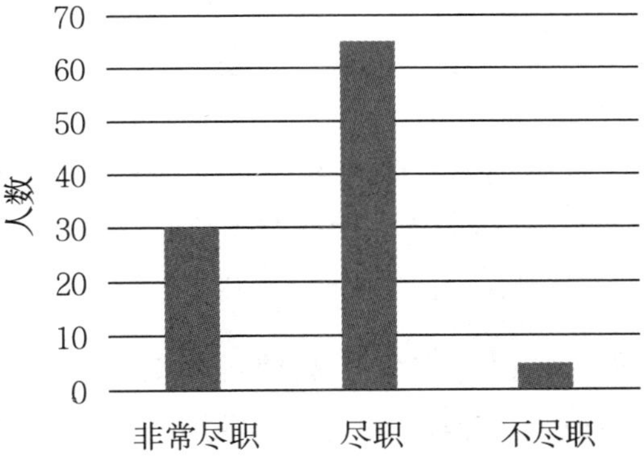

图6-1　××市100名幼儿教师工作尽职情况人数统计图(简单条形图)

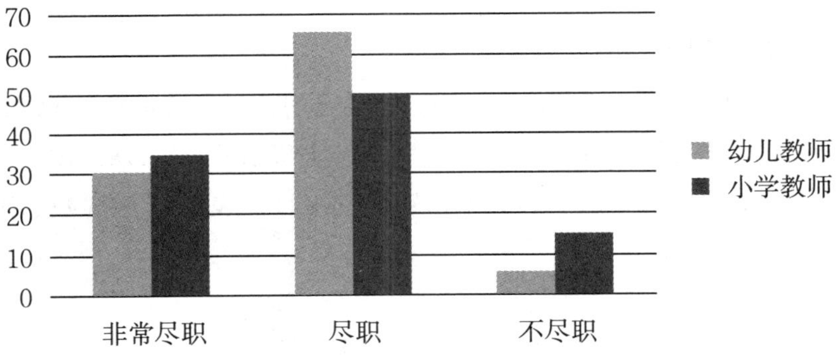

图6-2　××市幼儿教师与小学教师工作尽职情况统计图(复合条形图)

②圆形图:圆形图是以圆内各扇形的面积表示统计对象数量或百分比大小的图形。整个圆的面积表示整体数量,各扇形表示整体中各部分数量所占的比重,各部分比重之和必须等于1。圆形图适合于间断性资料,能比较直观地显示各部分在整体中所占的比重。例:

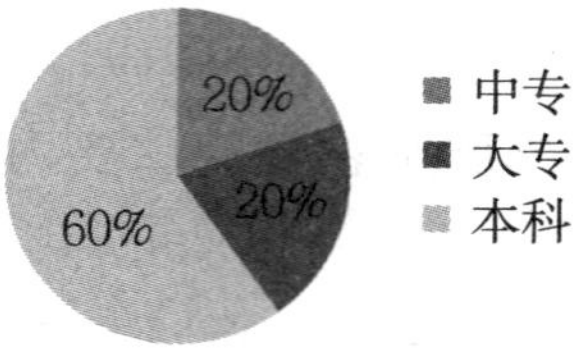

图6-3　某幼儿园教师学历状况

③次数分布图:根据次数分布表绘制的统计图称为次数分布图。可以用折线图的方式来表示。用折线图的方式表示的时候,横坐标为各组的组中值,纵坐标为次数。例:

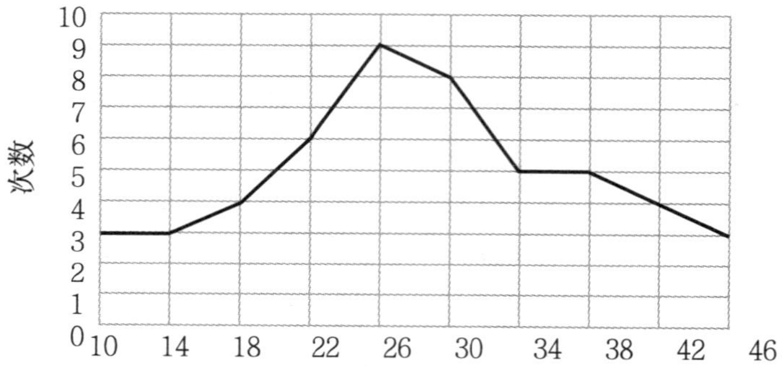

图6-4　50名幼儿数数成绩的简单次数分布图

(二)集中量数

集中量数是用来描述数据分布集中趋势的统计量。常用的集中量数有算术平均数、加权平均数、中位数、众数等,其计算方法及作用都各有特点。在一定条件下究竟选用何种集中量数,应依各种量数的优缺点,结合研究目的来决定。

1. 算术平均数

算术平均数通常称为平均数,又称均数或均值,是观测数的总和除以观测数的个数所得的商。总体是指具有某种特征的一类事物的全体,从总体中抽取的一部分个体,称为总体的一个样本。通常用μ(读作“miu”)代表总体平均数,用$\overline{X}$代表样本平均数。

$$\overline{X}=\frac{x_1+x_2+\cdots+x_n}{N}=\frac{\sum_{i=1}^{n}x_i}{N}$$

公式中：

$x_1, x_2, \cdots, x_n$表示样本中的个体的数值；

$\sum_{i=1}^{n} x_i$ 表示样本中所有个体数值的总和；

N表示样本的个数。

例：在某幼儿园大班幼儿总体中抽取30名样本，测得他们某项技能的分数如表6-5所示。求他们的平均分数。

表6-5　30名幼儿某项技能的测验分数

50	40	75	62	88	65	94	90	69	58	71	62	70
57	74	65	79	92	78	98	80	78	63	49	60	72
58	74	73	43									

解：$\overline{X}=\frac{\sum_{i=1}^{n} x_i}{n}=\frac{50+40+\cdots+43}{30}=\frac{2087}{30}=69.6$（分）

2. 加权平均数

有些测量中所得的数据，其单位权重并不相等。这时就不能直接把数据简单相加以确定算术平均数，而应该使用加权平均数。

$$\overline{X}=\frac{n_1\overline{x}_1+n_2\overline{x}_2+\cdots+n_k\overline{x}_k}{n_1+n_2+\cdots+n_k}=\frac{\sum_{i=1}^{k} n_i\overline{x}_i}{\sum_{i=1}^{k} n_i}$$

公式中：

$\overline{X}$表示加权平均数（或总平均数）；

$n_1, n_2, \cdots, n_k$表示各组的人数，$\overline{x}_1, \overline{x}_2, \cdots, \overline{x}_k$表示各组的平均数；

$\sum_{i=1}^{k} n_i = n_1+n_2+\cdots+n_k$表示总人数。

例：有三个学校数学测验分数如下。

学校	$\overline{X}_i$	n_i
1	70.4	30
2	80.5	40
3	76.0	30

求这三所学校数学测验的总平均成绩。

解：$\overline{X}=\frac{30\times70.4+40\times80.5+30\times76}{30+40+30}=76.12$

有一些人在计算总平均数时如果忽略了各组人数的不同，计算出的总平均数

$$\overline{X}=\frac{70.4+80.5+76}{3}=75.63$$

很明显两个结果是不同的，这是由于忽略了各所学校人数不同所导致的，即“权重”被忽略，后一种计算方法是错误的。在统计分析过程中，遇到要将各组平均数汇总求总平均数时，均应使用加权平均数。

（三）差异量数

要全面、深刻地说明研究数据的特征，只有集中量数是不够的，还需要差异量数。

差异量数是指用来描述数据分布离散程度的统计量，它反映数据分布的离散趋势。集中量数的代表性如何，须由差异量数来表明，即差异量数反映着集中量数所具有的代表性程度。差异量数越大，集中量数的代表性越小；差异量数越小，集中量数的代表性越大。可见，考查差异量数，有助于我们进一步理解集中量数，只有对集中量数和差异量数均做出考查，才能比较清晰地了解数据分布的全貌。常用的差异量数有平均差、方差、标准差等，其中方差和标准差常常与算术平均数结合起来表达一组数据的集中趋势和离散趋势。

1. 平均差

平均差一般用符号 AD 表示，计算公式为：

$$AD=\frac{\sum_{i=1}^{N}|x_i-\mu|}{N}\text{（适用于总体）}$$

$$AD=\frac{\sum_{i=1}^{n}|x_i-\overline{X}|}{n}\text{（适用于样本）}$$

公式中：

x_i 表示原始数据；

μ 表示总体平均数；

N 表示总体大小；

$\overline{X}$ 表示样本平均数；

n 表示样本大小。

从以上公式可知，平均差是所有原始数据与平均数差值的绝对值的平均。平均差的内涵容易理解，但是由于公式中涉及绝对值的计算，不利于进一步的统计分析，所以在统计分析中使用平均差这一统计量较少。

2. 总体方差与总体标准差

如果 x_i 是一个容量为 N 的总体的第 i 次观测，得到的观测结果依次为 x_1，x_2，…，x_n，那么，总体方差被定义为：

$$\sigma^2=\frac{\sum_{i=1}^{N}(x_i-\mu)^2}{N}$$

公式中：

σ^2 表示总体方差；

x_i 表示总体的原始数据；

μ 表示总体平均数；

N 表示总体大小。

总体标准差被定义为：

$$\sigma=\sqrt{\frac{\sum_{i=1}^{N}(x_i-\mu)^2}{N}}$$

公式中：

σ 读作 sigma，表示总体标准差。

这里的 σ^2 和 σ 是以总体作为研究对象，通过被研究总体中的 N 个数据进行计算得到的。但在实际研究中，往往只能从总体中抽取容量为 n 的样本，以样本数据计算样本方差和标准差。

3. 样本方差和样本标准差

如果 x_i 是一个容量为 n 的样本的第 i 次观测，得到的观测结果依次为 x_1，x_2，…，x_n，那么，样本方差被定义为：

$$S^2=\frac{\sum_{i=1}^{n}(x_i-\overline{X})^2}{n-1}$$

公式中：

S^2 表示样本方差；

x_i 表示样本的原始数据；

$\overline{X}$ 表示样本平均数；

n 表示样本大小。

样本标准差被定义为：

$$S=\sqrt{\frac{\sum_{i=1}^{n}(x_i-\overline{X})^2}{n-1}}$$

公式中：

S表示样本方差；

x_i表示样本原始数据；

$\overline{X}$表示样本平均数；

n为样本容量。

例：某幼儿园抽取大班幼儿10名，测得他们身高分别为：116、115、120、123、110、112、106、104、111和107（厘米）。试求这10名幼儿身高的标准差。

$$S=\sqrt{\frac{\sum_{i=1}^{n}(x_i-\overline{X})^2}{n-1}}=\sqrt{\frac{338.4}{9}}=6.13\text{（厘米）}$$

在学前科学教育研究中，如果选用的样本为大样本，即样本容量$n \geqslant 30$时，样本标准差也可采用以下公式：

$$S=\sqrt{\frac{\sum_{i=1}^{n}(x_i-\overline{X})^2}{n}}\ (n \geqslant 30)$$

（四）相关系数

前面所讲的集中量数、差异量数都是用来描述这一组数据的特征，而在实际的教育科研中，还有很多数据是涉及两个变量之间的关系问题。比如幼儿的性格与家长教养方式之间的关系等等。用来解释两个或两个以上变量数据相关关系的概括性量数，称为关系量数。

所谓相关是两种变量之间的关系或联系程度，它表达的是一种不确定的变化关系或相关关系（如果表达的是一个现象同其他现象之间的一种确定的依存关系，则称为函数关系）。它与函数关系的区别在于：两种变量不是一一对应得那样精确、稳定。

相关关系分为3种情况：

（1）正相关：两种变量的变化方向一致，即若一种变量数值变大时，另一种变量数值也随之增大；一种变量数值变小时，另一种变量数值也随之变小。两种变量之间的这种“同增同减”的关系称为正相关。如智力与学习成绩的关系（在非智力因素基本相同的情况下）。

（2）负相关：两种变量的变化方向相反，即若一种变量数值变大时，另一种变量数值随之变小；一种变量数值变小时，另一种变量数值随之变大。两种变量之间的这种“此增彼减”的关系称之为负相关。如解决问题的能力与解决问题所需的时间长短关系。

（3）零相关：两种变量数值变化方向无一定规律，即若一种变量数值变大时，另一种变量数值可能变大也可能变小，并且变大、变小的机会趋于相等，如相貌与学业成绩就属于零相关。

相关系数如果是从总体的数据计算出来的，称为总体相关系数，用符号ρ（读作“rou”）表示；相关系数如果是从随机样本的数据计算出来的，则称为样本相关系数，用符号r表示。相关系数的范围是$-1.00 \leqslant r \leqslant +1.00$，“+”号表示变化方向一致，即正相关；“-”号表示变化方向相反，即负相关。

在运用相关系数进行解释时，要注意以下几点：

（1）相关系数表示两种变量间的关系程度，不能说明其两者的因果关系。如学生的数学成绩与语文成绩之间的关系为正相关，但不能说是因为数学（或语文）成绩的变化而引起语文（或数学）成绩的变化（即两者间是因果关系），它们两者有可能都是“智力因素”或“用功因素”的“果”。

（2）相关系数的值仅仅是一个比值，它不是由相等单位度量而来，也不是百分比，因而，不能直接作加、减、乘、除运算。例如，对于$r_1=0.3$，$r_2=0.6$，$r_3=0.9$，这些相关系数不能说在相关程度上r_2是r_1的2倍，r_3是r_1的3倍。

（3）两种变量在“质”的方面应是相同的，如小树的生长与小孩的成长，二者从数量上也可计算出正相关的系数（二者均受时间的影响），但二者在本质上不存在相互关系。

（4）两种变量的样本数量要有一定的代表性，如果样本数量（两种变量成对数目）太小，所得出的相关系数可能会因抽样误差而变得无意义。如我们可以找到一个头围较大的而其智商也较高的学生；另外再找一位头围较小而其智商也较低的学生，如果以这两个学生的头围和智商来求相关系数，可得到较高的相关系数。而实际上头围与智商不相关，是零相关。

常见的相关系数：

1. 积差相关系数

积差相关，又称积矩相关，是研究直线相关的最基本的方法。其计算公式由英国统计学家卡尔·皮尔逊提出，因而也称为皮尔逊相关，用r_{XY}表示。

假设有两列变量 X、Y，其中变量 X 的观测数据有 $x_1, x_2, \cdots, x_n$，用 x_i 表示，变量 Y 的观测数据有 $y_1, y_2, \cdots, y_n$，用 y_i 示，变量 X 和 Y 变量的数据是一一对应的，则

$$r_{XY}=\frac{\sum_{i=1}^{n}(x_i-\overline{X})(y_i-\overline{Y})}{\sqrt{\sum_{i=1}^{n}(x_i-\overline{X})^2}\sqrt{\sum_{i=1}^{n}(y_i-\overline{Y})^2}}$$

公式中：

r_{XY} 为积差相关系数；

x_i 为变量 X 的观测数据；

y_i 为变量 Y 的观测数据；

$\overline{X}$ 为变量 X 的平均数；

$\overline{Y}$ 为变量 Y 的平均数。

例：某教师对某大学二年级12名学生分别做智力与心理学的两项测验，测验结果如表6–6所示，试计算智力与心理学的相关系数。

表6–6　12名学生智力测验与心理学测验成绩

学生编号	1	2	3	4	5	6	7	8	9	10	11	12	合计
智力成绩	124	119	111	108	104	101	98	97	96	85	85	72	1200
心理学成绩	97	88	76	75	86	63	71	54	62	67	55	46	840

$$解：r_{XY}=\frac{\sum_{i=1}^{n}\left(x_i-\overline{X}\right)^2\left(y_i-\overline{Y}\right)^2}{\sqrt{\sum_{i=1}^{n}\left(x_i-\overline{X}\right)^2}\sqrt{\sum_{i=1}^{n}\left(y_i-\overline{Y}\right)^2}}=\frac{2173}{\sqrt{2402}\times\sqrt{2550}}=0.878$$

2. 等级相关（斯皮尔曼相关系数）

如果在教育实际工作中，所收集的资料不能满足积差相关适用条件，如收集到的数据为顺序变量，则应运用等级相关法来计算它们的相关系数。这里介绍斯皮尔曼相关系数。

$$r_R=1-\frac{6\sum D^2}{n(n^2-1)}$$

公式中：

r_R 表示等级相关；

n 是研究数据的数量；

D 是成对的等级数据的差数，简称等级差数；

$\sum D^2$是所有等级差数的平方和。

例：某大班有8位小朋友都参加讲故事比赛和绘画比赛，他们所得的名次如表6-7所示，试求这两种比赛成绩之间的相关程度。

表6-7　两种比赛成绩相关系数计算示例

幼儿编号	讲故事比赛名次R_X	绘画比赛名称R_Y	等级差数D	差数平方D^2
1	1	3	−2	4
2	5	2	3	9
3	3	1	2	4
4	7	8	−1	1
5	2	4	−2	4
6	6	7	−1	1
7	4	5	−1	1
8	8	6	2	4
Σ	—	—	—	28

$$r_R=1-\frac{6\sum D^2}{n(n^2-1)}=1-\frac{6\times 28}{8\times(8^2-1)}=0.67$$

例：两位教育专家对5篇论文进行独立评价，各自对这5篇论文排出名次顺序，其结果见表6-8。试问这两位教育专家在评价优秀论文时，他们评价意见一致性如何？

表6-8　两位专家对5篇论文评比的名次及等级相关系数计算示例

论文编号	评委甲(R_X)	评委乙(R_Y)	D	D^2
1	2	4	−2	4
2	5	3	2	4
3	4	1	3	9
4	1	2	−1	1
5	3	3	−2	4
Σ	—	—	—	22

$$r_R=1-\frac{6\sum D^2}{n(n^2-1)}=1-\frac{6\times 22}{5\times(5^2-1)}=0.1$$

二、假设检验

在学前教育科学研究中，由于研究对象总体数量较大，限于人力、物力、财力及其他条件的限制，不可能对研究对象的总体进行全面研究，通常做法是，通过调查取样，用样本统计量的结果推断总体的情况。

在统计学中，通过样本统计量得出的差异做出一般性结论，判断总体参数之间是否存在差异，这种推论过程称作假设检验，它的基本任务是事先对总体参数或总体分布形态做出一个假设，然后利用样本信息来判断原假设是否合理，从而决定是否接受原假设。

（一）假设检验的基本概念

1. 研究假设和虚无假设

在进行研究时，研究者通常需要对研究结果做一种预想或判断，这种预想是从科学的角度出发，根据以往的经验或已有的理论决定的，因而将这种假设称为科学假设。在假设检验中，科学假设，又称研究假设、对立假设、备择假设，用符号H_1表示。

与H_1对立的假设称为虚无假设，用符号H_0表示。H_0才是我们直接考验的对象，如果应用统计的方法证明H_0为假，则H_1为真；如果H_0为真，则H_1为假。

2. 显著性水平

在检验虚无假设时，经常提到显著性水平（记为α）这个概念。所谓的显著性水平是指根据概率计算，当样本与总体之间没有真实差异时，出现实得误差的最大可能性。在教育科研中，通常采用0.05和0.01两个水平，偶尔也取0.001。在假设检验中，显著性水平愈高，α的取值愈小，越要推翻虚无假设，接受研究假设，肯定差异的真实意义，即差异显著，差异不是由抽样误差造成的结果。

3. 单侧检验和双侧检验

（1）单侧检验。

①概念：单侧检验，又称单尾检验，是指强调某一方向的检验。

②应用条件：凡是检验大于、小于、高于、低于、劣于等有方向性信息的假设检验问题。这类问题的确定是有一定的理论依据的。

假设检验一般写作：H_0: $\mu_1 \leq \mu_2$或$\mu_1 \geq \mu_2$
H_1: $\mu_1 > \mu_2$或$\mu_1 < \mu_2$

（2）双侧检验。

①概念：双侧检验，又称双尾检验，是指只强调差异而不强调方向性的检验。

②应用条件：凡是在理论上不能确定两个总体中一个一定比另一个大或小的假设检验。

假设检验一般写作：H_0: $\mu_1 = \mu_2$
H_1: $\mu_1 \neq \mu_2$

在同样的条件下，单侧检验的灵敏度要比双侧检验更高一些。但在实际研究中，对单、双侧检验的选择上要根据检验目的来确定，并不是所有检验都能用单侧检验的。

4. 假设检验的步骤

（1）建立虚无假设H_0和研究假设H_1。

（2）根据样本数据计算统计检验值。

（3）选择适当的显著性水平α，并依检验的类型查出临界值。

（4）比较临界值与统计检验值，并据此进行统计决断。

（二）平均数差异的显著性检验

平均数差异的显著性检验主要是由检验两样本平均值之间的差异来推论各自代表的两总体均值差异。总分分布不同，总体方差是否已知，样本容量大小不同，样本的性质不同，其相应的检验的方法都是不一样的。

1. 两个总体都是正态分布、两个总体方差已知

（1）两个独立样本平均数差异的显著性检验。

设有两个服从正态分布的相互独立的总体X和Y，它们的均值分别为μ_1和μ_2，方差分别为σ_1^2和σ_2^2，$x_1, x_2, \cdots, x_n$和$y_1, y_2, \cdots, y_n$是分别来自X和Y的两组独立的随机样本，由这两个样本带来的信息，检验两总体均值μ_1和μ_2是否存在显著差异，采用Z检验，公式如下：

$$Z=\frac{\overline{X}-\overline{Y}}{\sqrt{\frac{\sigma_1^2}{n_1}+\frac{\sigma_2^2}{n_2}}}$$

公式中：

$\overline{X}$和$\overline{Y}$分别表示样本X和Y的均值；

σ_1^2表示总体X的方差；

σ_2^2表示总体Y的方差；

n_1表示总体X的容量；

n_2表示总体Y的容量。

例：某两市小学生身高测查，历年的结果是：两市学生身高分布都服从正态分布，甲市的标准差一直为6 cm，乙市的标准差一直为5 cm。今年测查时，从甲市随机抽取了45人，测得平均身高为136 cm，从乙市随机抽取40人，测得平均身高为138 cm。请在α=0.05水平上检验一下两市小学生的平均身高有无显著性差异。

解：①建立假设：$\begin{matrix} H_0: \mu_1=\mu_2 \\ H_1: \mu_1\neq\mu_2 \end{matrix}$。

②计算检验统计量。

$$Z=\frac{\overline{X}-\overline{Y}}{\sqrt{\frac{\sigma_1^2}{n_1}+\frac{\sigma_2^2}{n_2}}}=\frac{136-138}{\sqrt{\frac{6^2}{45}+\frac{5^2}{40}}}=\frac{-2}{\sqrt{1.425}}=\frac{-2}{1.194}=-1.675$$

③确定显著性水平。

$\alpha=0.05$，则$Z_{0.05/2}=1.96$

④统计决断。

表6-9　双侧Z检验统计决断规则表

$\|Z\|$与临界值比较	P值	检验结果	结论	符号
$\|Z\|<1.96$	$P>0.05$	接受H_0拒绝H_1	差异不显著	—
$1.96\leq\|Z\|<2.58$	$0.01<P\leq0.05$	在0.05显著性水平上拒绝H_0接受H_1	差异显著	*
$2.58\leq\|Z\|<3.29$	$0.001<P\leq0.01$	在0.01显著性水平上拒绝H_0接受H_1	差异极显著	**
$\|Z\|\geq3.29$	$P\leq0.001$	在0.001显著性水平上拒绝H_0接受H_1	差异极其显著	***

在本例中，$|Z|=1.675<1.96$，即$P>0.05$。

⑤做出结论：两市小学生平均身高没有显著差异。

例：某教师进行一次有关大班幼儿词汇教育教学方法改革的实验研究，采用整群随机抽样法抽取A园一个大班幼儿31名为实验班，B园一个大班幼儿34名为对比班，假定两班幼儿及任教的两位教师同质，采用同教材同进度，在实验班采用新的教学方法，对比班仍采用原有的教学方法。经过一学期后，对两班幼儿做统一的测试，结果为：实验班平均成绩为81.2分，标准差为9.3分；对比班平均成绩为78.1分，标准差为8.5分。问：采用新的教学方法的教学效果是否优于原方法呢？

解：①建立假设：$\begin{matrix} H_0: \mu_1 \leqslant \mu_2 \\ H_1: \mu_1 > \mu_2 \end{matrix}$。

②计算检验统计量。

$$Z=\frac{\overline{X}-\overline{Y}}{\sqrt{\frac{\sigma_1^2}{n_1}+\frac{\sigma_2^2}{n_2}}}=\frac{81.2-78.1}{\sqrt{\frac{9.3^2}{31}+\frac{8.5^2}{34}}}=\frac{3.1}{2.2170}=1.3983$$

③确定显著性水平。

$\alpha=0.05$，则 $Z_{0.05}=1.65$

④统计决断。

表6-10 单侧 Z 检验统计决断规则表

$\lvert Z\rvert$ 与临界值比较	P 值	检验结果	结论	符号
$\lvert Z\rvert<1.65$	$P>0.05$	接受 H_0 拒绝 H_1	差异不显著	—
$1.65\leqslant\lvert Z\rvert<2.33$	$0.01<P\leqslant0.05$	在0.05显著性水平上拒绝 H_0 接受 H_1	差异显著	*
$\lvert Z\rvert\geqslant2.33$	$P\leqslant0.01$	在0.01显著性水平上拒绝 H_0 接受 H_1	差异极显著	**

在本例中，$\lvert Z\rvert=1.3983<1.65$，即 $P>0.05$。

⑤得出结论：新的教学方法的教学效果并未显著优于原方法。

（2）两相关样本平均数差异的显著性检验。

相关样本是指两个样本的数据之间存在一一对应的关系，如同一组被试在前后两次实验或调查中的两个项目相同，这时前后两次结果则相互影响，而不独立，就可视它们为相关样本。

设有两个服从正态分布的、总体方差已知的相关总体，由两个相关样本的信息，推断两个相关总体之间是否存在显著差异，采用 Z 检验，公式如下：

$$Z=\frac{\overline{X}-\overline{Y}}{\sqrt{\frac{\sigma_1^2+\sigma_2^2-2r\sigma_1\sigma_2}{n}}}$$

公式中：

$\overline{X}$、$\overline{Y}$分别为两个相关样本的均值；

σ_1^2、σ_2^2分别为两个相关样本的方差；

n为成对数据的数目。

例：从某小学三年级学生中随机抽取100名作为样本，在学期初进行了一次阅读测验，其平均成绩为40分，标准差为6分；学期末又进行一次类似的阅读测验，其平均成绩为50分，标准差为5分。两次测验的相关系数为0.5，问学期初与学期末分数之差是否显著？

解：①建立假设：H_0: $\mu_1=\mu_2$；H_1: $\mu_1>\mu_2$。

②计算检验统计量。

$$Z=\frac{\overline{X}-\overline{Y}}{\sqrt{\frac{\sigma_1^2+\sigma_2^2-2r\sigma_1\sigma_2}{n}}}=\frac{50-45}{\sqrt{\frac{6^2+5^2-2\times0.5\times6\times5}{100}}}=8.98$$

③确定显著性水平。

$\alpha=0.001$，则$Z_{0.001/2}=3.29$

④统计决断。

表6-11　双侧Z检验统计决断规则表

$\lvert Z\rvert$与临界值比较	P值	检验结果	结论	符号
$\lvert Z\rvert<1.96$	$P>0.05$	接受H_0拒绝H_1	差异不显著	—
$1.96\leq\lvert Z\rvert<2.58$	$0.01<P\leq0.05$	在0.05显著性水平上拒绝H_0接受H_1	差异显著	*
$2.58\leq\lvert Z\rvert<3.29$	$0.001<P\leq0.01$	在0.01显著性水平上拒绝H_0接受H_1	差异极显著	**
$\lvert Z\rvert\geq3.29$	$P\leq0.001$	在0.001显著性水平上拒绝H_0接受H_1	差异极其显著	***

在本例中，$\lvert Z\rvert=8.98>3.29$，即$P<0.001$。

⑤得出结论：学期初与学期末分数的差异极其显著。

2. 两总体都是正态分布，两总体方差都未知

当总体正态分布、总体方差未知时，要用t检验来检验差异。由于两个总体方差未知，需要用样本方差来估计。

（1）两个独立样本平均数差异的显著性检验。

设有两个服从正态分布的总体，总体方差未知，由两个相互独立的样本信息，推断两独立总体之间是否存在显著差异，采用t检验，公式如下：

$$t=\frac{\overline{X}-\overline{Y}}{\sqrt{\frac{(n_1-1)S_1^2+(n_2-1)S_2^2}{n_1+n_2-2}\left(\frac{1}{n_1}+\frac{1}{n_2}\right)}}\quad(df=n_1+n_2-2)$$

公式中：

df为自由度；

$\overline{X}$、S_1^2分别为样本X的均值、方差；

$\overline{Y}$、S_2^2分别为样本Y的均值、方差；

n_1、n_2分别为样本X、Y的容量。

例：某幼儿园进行教学实验，实验组（25人）采用新的教学方法；对照组（24人）采用原教学方法，实验一学期后，两组统一测试的结果为：实验班平均成绩为87.7分，标准差为5.14分；对照班平均成绩为78.2分，标准差为6分。试问两种教学的效果是否存在显著性差异？

解：①建立假设：$H_0: \mu_1=\mu_2$，$H_1: \mu_1\neq\mu_2$。

②计算检验统计量。

$$t=\frac{\overline{X}-\overline{Y}}{\sqrt{\frac{(n_1-1)S_1^2+(n_2-1)S_2^2}{n_1+n_2-2}\left(\frac{1}{n_1}+\frac{1}{n_2}\right)}}=\frac{87.7-78.2}{\sqrt{\frac{24\times14^2+23\times6^2}{25+24-2}\left(\frac{1}{24}+\frac{1}{25}\right)}}=5.96$$

③选定显著性水平。

$\alpha=0.001$，$df=25+24-2=47$时，$t_{0.01(47)}=3.551$

④统计决断。

表 6–12　t 检验统计决断规则表

t与临界值比较	P值	检验结果	结论	符号
$\|t\| < t_{0.05(df)}$	$P > 0.05$	接受H_0拒绝H_1	差异不显著	—
$t_{0.05(df)} \leqslant \|t\| < t_{0.01(df)}$	$0.01 < P \leqslant 0.05$	在0.05显著性水平上拒绝H_0接受H_1	差异显著	*
$\|t\| \geqslant t_{0.01(df)}$	$P \leqslant 0.01$	在0.01显著性水平上拒绝H_0接受H_1	差异极显著	**

在本例中，$t=5.96 > 3.551$，即 $P < 0.01$。

⑤得出结论：两种教学方法的教学效果存在极显著的差异。

（2）两个相关样本平均数的差异显著性检验（t 检验）。

设有两个服从正态分布的总体，总体方差未知，由两个相关样本的信息，推断两相关总体之间是否存在显著差异，采用 t 检验，公式如下：

$$t=\frac{\overline{X}-\overline{Y}}{\sqrt{\dfrac{\sum(x_i-y_i)^2-\dfrac{\left[\sum(x_i-y_i)^2\right]}{n}}{n(n-1)}}}\quad(df=n-1)$$

公式中：

df 为自由度；

$\overline{X}$、$\overline{Y}$ 分别为样本 X、Y 的均值；

x_i、y_i 分别为样本 X、Y 的原始数据；

n 为成对样本容量。

例：某教师从自己任教的两个班级中，暗自选定了在智力、基础知识、家庭学习条件等方面基本相同的10名学生配成10对，然后在两个班级分别施以两种不同的教学方法，经过一学期教学后，用相同试卷测验，得分结果如下：甲组（X）：94、73、92、67、81、78、89、85、74、71；乙组（Y）：77、75、81、52、64、63、62、83、86、65。试比较两种教学方法的教学效果有无显著差异？

解：①建立假设：$\begin{matrix} H_0: \mu_1=\mu_2 \\ H_1: \mu_1\neq\mu_2 \end{matrix}$。

②计算检验统计量。

$$t=\frac{\overline{X}-\overline{Y}}{\sqrt{\frac{\sum(x_i-y_i)^2-\frac{\left[\sum(x_i-y_i)\right]^2}{n}}{n(n-1)}}}=\frac{80.4-70.8}{\sqrt{\frac{2066-\frac{96^2}{10}}{10(10-1)}}}=2.692$$

③选定显著性水平。

$\alpha=0.01$，$df=9$，则 $t_{0.05(9)}=2.262$　$t_{0.01(9)}=3.250$

④统计决断。

表 6–13　t 检验统计决断规则表

t与临界值比较	P值	检验结果	结论	符号
$\vert t\vert < t_{0.05(df)}$	$P>0.05$	接受 H_0 拒绝 H_1	差异不显著	—
$t_{0.05(df)}\leqslant\vert t\vert < t_{0.01(df)}$	$0.01<P\leqslant0.05$	在 0.05 显著性水平上拒绝 H_0 接受 H_1	差异显著	*
$\vert t\vert\geqslant t_{0.01(df)}$	$P\leqslant0.01$	在 0.01 显著性水平上拒绝 H_0 接受 H_1	差异极显著	**

在本例中，$2.262<t=2.692<3.250$，即 $0.01<P<0.05$。

⑤得出结论：两种教学方法的教学效果在 0.05 水平上存在显著差异。

综上所述，对两个平均数差异的显著性检验，需要考虑总体分布、总体方差、样本独立或相关等具体条件。现将平均数差异的显著性检验总结如下：

表 6–14　平均数差异的显著性检验统计汇总表

样本情况	总体方差	样本容量	统计量
两变量独立	总体方差已知	—	$Z=\frac{\overline{X}-\overline{Y}}{\sqrt{\frac{\sigma_1^2}{n_1}+\frac{\sigma_2^2}{n_2}}}$
	总体方差未知	大样本（n_1，n_2 均大于30）	$Z=\frac{\overline{X}-\overline{Y}}{\sqrt{\frac{S_1^2}{n_1}+\frac{S_2^2}{n_2}}}$
		小样本	$t=\frac{\overline{X}-\overline{Y}}{\sqrt{\frac{(n_1-1)S_1^2+(n_2-1)S_2^2}{n_1+n_2-2}\left(\frac{1}{n_1}+\frac{1}{n_2}\right)}}$ $df=n_1+n_2-2$

续表

样本情况	总体方差	样本容量	统计量
两变量相关	总体方差已知	—	$Z=\dfrac{\overline{X}-\overline{Y}}{\sqrt{\dfrac{\sigma_1^2+\sigma_2^2-2r\sigma_1\sigma_2}{n}}}$
	总体方差未知	大样本(n_1, n_2 均大于30)	$Z=\dfrac{\overline{X}-\overline{Y}}{\sqrt{\dfrac{S_1^2+S_2^2-2rS_1S_2}{n}}}$
		小样本	$t=\dfrac{\overline{X}-\overline{Y}}{\sqrt{\dfrac{\Sigma(x_i-y_i)^2-\dfrac{[\Sigma(x_i-y_i)^2]}{n}}{n(n-1)}}}$ $df=n-1$（n 为成对数）

（三）比率差异的显著性检验（独立样本）

设有两个独立的样本，第一个样本的比例为 p_1，来自正态分布或近似正态分布总体，第二个样本比例为 p_2，来自正态分布或近似正态分布总体，由两个样本比率差异推断两个总体的比率是否存在显著差异，检验统计量的计算公式为：

$$Z=\frac{p_1-p_2}{\sqrt{\bar{p}\,\bar{q}\,(\dfrac{N_1+N_2}{N_1N_2})}}$$

$$\bar{p}=\frac{n_1p_1+n_2p_2}{N_1+N_2};\quad \bar{q}=1-\bar{p};\quad p_1=\frac{n_1}{N_1};\quad p_2=\frac{n_2}{N_2}。$$

公式中：N_1、N_2 分别为两独立样本的容量；n_1、n_2 分别为两样本中具有某种特征的样本量；p_1、p_2 分别为两个样本比率。

例：从甲、乙两园中各自随机抽取甲园幼儿160名，乙园幼儿150名，测得甲园160名幼儿体重达标人数为130名，乙园幼儿150名中有115名达标。从样本的比率来说是有差异的.那么，能否据此说明他们所代表的两园也存在着这种比率上的差异呢？即甲、乙两园全体幼儿体重达标率是否有显著差异？

解：①建立假设：

$$H_0:\ p_1=p_2$$
$$H_1:\ p_1\neq p_2$$

②计算检验统计量：

$p_1=\dfrac{130}{160}=0.8125\quad p_2=\dfrac{115}{150}=0.7667$

$$\bar{p}=\frac{n_1p_1+n_2p_2}{N_1+N_2}=\frac{130\times0.8125+115\times0.7667}{160+150}=0.6251$$

$$\bar{q}=1-\bar{p}=1-0.6251=0.3749$$

$$Z=\frac{p_1-p_2}{\sqrt{\bar{p}\,\bar{q}\left(\frac{N_1+N_2}{N_1N_2}\right)}}=\frac{0.8125-0.7667}{\sqrt{0.6251\times0.3749\times\left(\frac{160+150}{160\times150}\right)}}=0.8327$$

③确定显著性水平：

$\alpha=0.05$，则 $Z_{0.05/2}=1.96$

④统计决断：

表 6-15　双侧 Z 检验统计决断规则表

$\lvert Z\rvert$ 与临界值比较	P 值	检验结果	结论	符号
$\lvert Z\rvert<1.96$	$P>0.05$	接受 H_0 拒绝 H_1	差异不显著	—
$1.96\leqslant\lvert Z\rvert<2.58$	$0.01<P\leqslant0.05$	在 0.05 显著性水平上拒绝 H_0 接受 H_1	差异显著	*
$2.58\leqslant\lvert Z\rvert<3.29$	$0.001<P\leqslant0.01$	在 0.01 显著性水平上 H_0 接受 H_1	差异极显著	**
$\lvert Z\rvert\geqslant3.29$	$P\leqslant0.001$	在 0.001 显著性水平上拒绝 H_0 接受 H_1	差异极其显著	***

在本例中，$\lvert Z\rvert=0.8327<1.96$，即 $P>0.05$。

⑤得出结论：两园全体幼儿体重达标率无显著差异。

思考与练习

1. 掌握常用的统计图，并在学前教育研究中尝试用统计图分析实际问题。

2. 掌握常用的描述数据的集中量数、差异量数、相关系数。

3. 掌握假设检验的方法在学前教育科学研究中的运用，尝试解决学前教育中的实际问题。

第三节
教育统计与SPSS工具的使用

在对研究资料做量的统计分析时需要对大量的数据进行处理，这涉及一些复杂的运算和图表的绘制。伴随着计算机的发展，这些基本上都可以用软件来实现。因此，在掌握了一些研究方法之后，再来掌握相应统计软件的操作是十分必要的。

SPSS（Statistical Package for Social Sciences，社会科学统计软件包）是目前各类院校与科研机构中使用较为广泛的统计软件之一，其界面简洁，功能强大，包含了统计分析中常用的基本功能。

一、SPSS的基本操作

（一）SPSS的启动与退出

1. SPSS启动

安装完SPSS软件后，系统会自动在Windows菜单中创建快捷方式。用户可以单击"开始→程序→SPSS Inc→PASW Statistics 18"，就可以启动SPSS软件，进入SPSS的对话框，如图7-5所示。

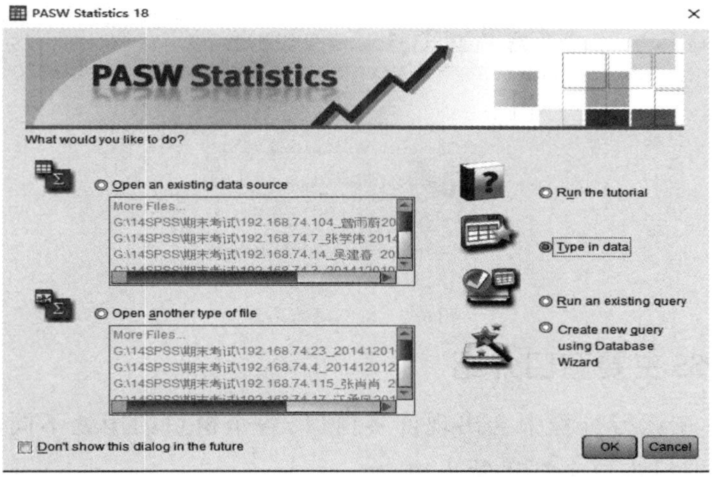

图6-5 SPSS启动界面

选择"Type in data"就可以进入SPSS的对话框，如图6-6所示。

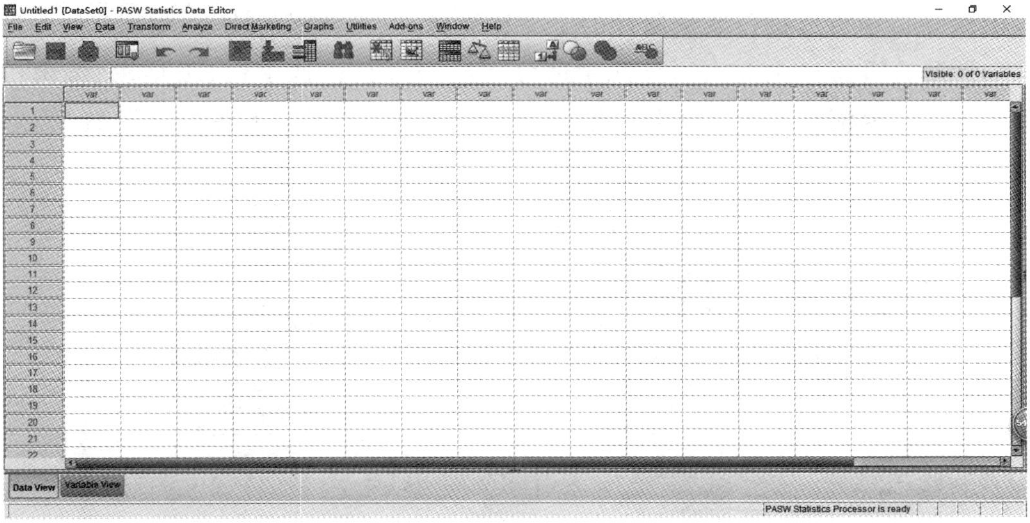

图6-6 SPSS工作界面

2. 退出SPSS

退出软件的时候主要有两种方法：①左键单击"File →Exit"，使用菜单命令退出程序；②直接单击SPSS窗口右上角的"×"，回答系统是否继续关闭的问题后即可安全退出程序，如图6-7所示。

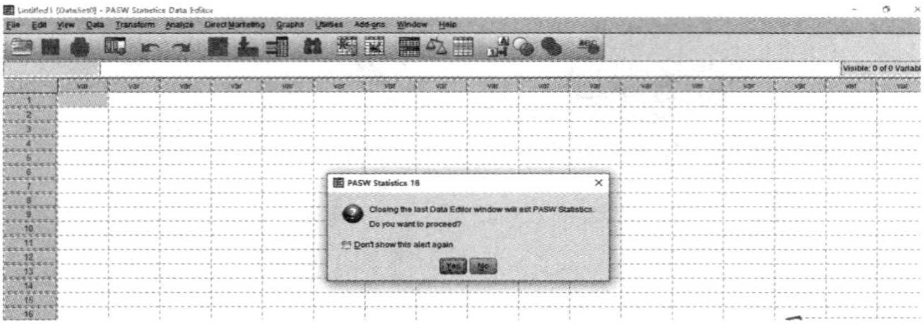

图6-7 SPSS退出界面

（二）SPSS主要窗口介绍

SPSS软件在运行过程中会出现许多窗口，各个窗口的用处不同。常见的窗口有两个：数据编辑窗口和结果输出窗口。

1. 数据编辑窗口

启动SPSS之后，看到的第一个窗口便是数据编辑窗口，如图6-8所示。在数据编辑窗口中可以进行变量属性的定义和编辑，以及数据的输入、编辑。

数据编辑窗口主要由以下几个部分构成：标题栏、选单栏、工具栏、编辑栏、变量名栏、观测序号栏、数据视图按钮、变量视图按钮、状态栏以及数据显示窗口。

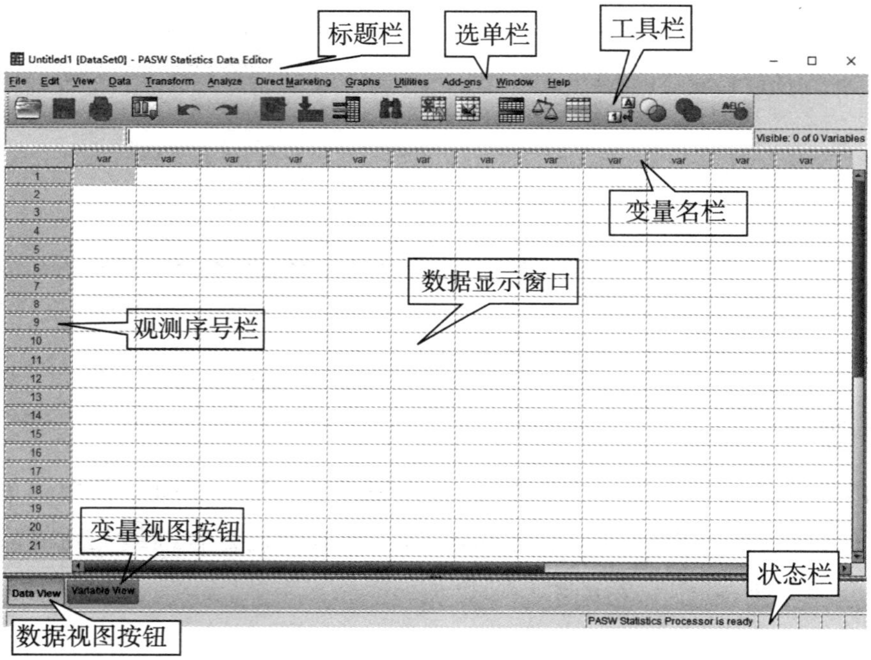

图6-8 数据编辑窗口

（1）标题栏：显示编辑的数据文件名。

（2）选单栏：通过选择相应的选单，完成相应的SPSS操作。

（3）编辑栏：可以输入数据，以使数据显示在内容指定的方格里。

（4）变量名栏：显示数据文件中包含变量的变量名。

（5）观测序号栏：显示数据文件中的所有观测值，观测的个数通常与样本容量大小一致。

（6）数据视图：当选择“数据视图”按钮时，显示数据编辑窗口，可在当前界面进行数据输入、编辑、查看等操作。

（7）变量视图：当选择“变量视图”按钮时，显示变量编辑窗口，可在当前界面进行变量属性定义、编辑等操作。

（8）状态栏：用于说明SPSS当前的运行状态。

2. 结果输出窗口

在SPSS中大多数统计分析都将以表和图的形式在结果输出窗口中显示，如图6-9所示。窗口右边部分显示统计分析结果，左边是导航窗口，用来显示输出结果的目录，可以通过点击目录来展开右边窗口中的统计分析结果。

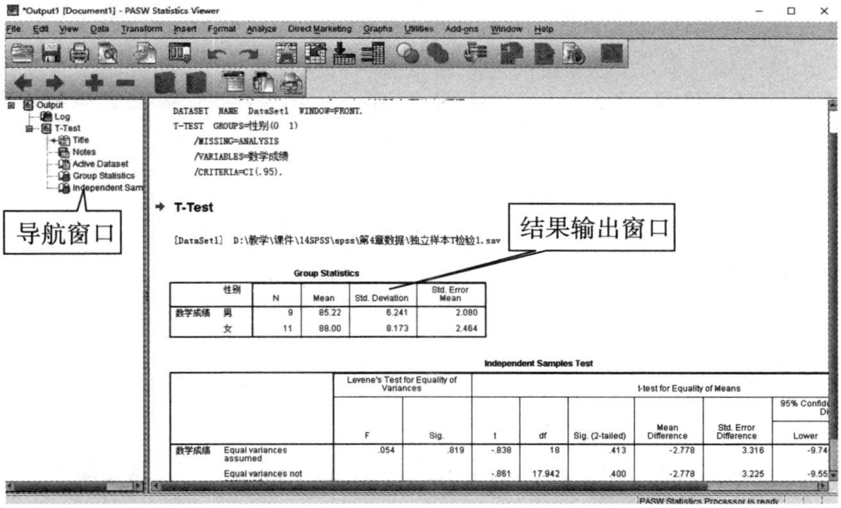

图6-9 结果输出窗口

二、SPSS的基本应用

(一)建立数据文件

1. 建立数据文件

在菜单“File →New→Data”中打开一个新的窗口,即可创建一个新的数据文件。如图6-10所示。

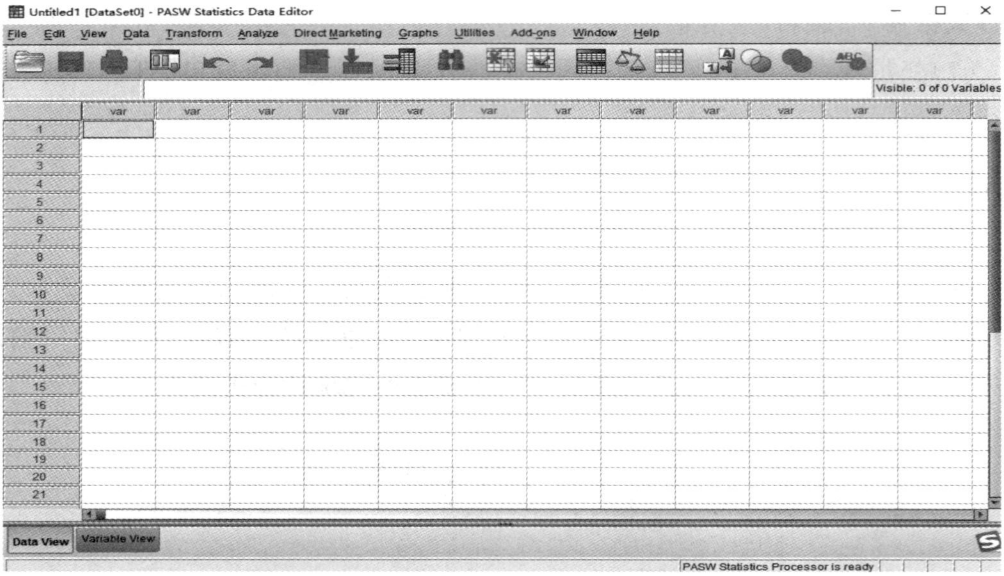

图6-10　建立数据文件

2. 录入数据

①打开一个数据文件后,单击窗口左下角“Variable View”(变量视图)按钮,进入变量视图界面,根据数据分析需要设置变量属性,包括Name(变量名称)、Type(变量类型)、Width(宽度)、Decimals(小数点后保留位数)、Label(变量标签)、Values(变量值)、Missing(缺失值)、Columns(长度)、Align(排列方式)等,如图6-11所示。

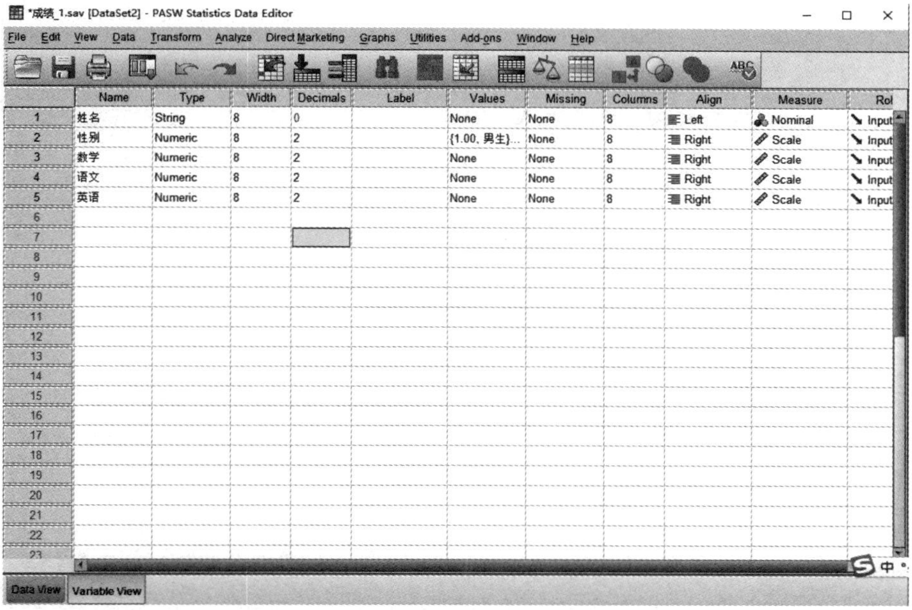

图6-11　变量视图界面

②单击“Data View”（数据视图）按钮，进入数据视图界面，显示出刚刚设置的变量，现在只需要在相应的变量输入框输入要分析的数据即可。如图6-12、6-13所示。

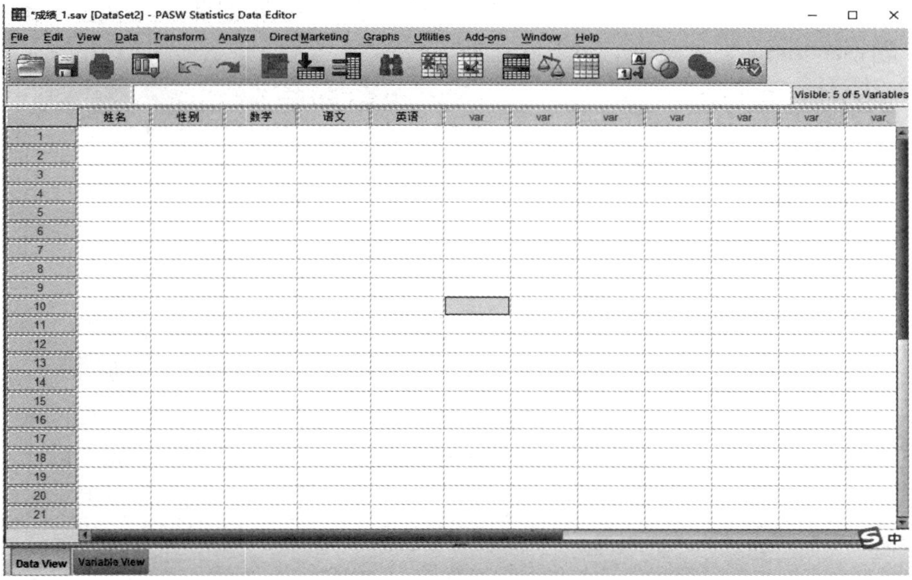

图6-12　数据视图界面

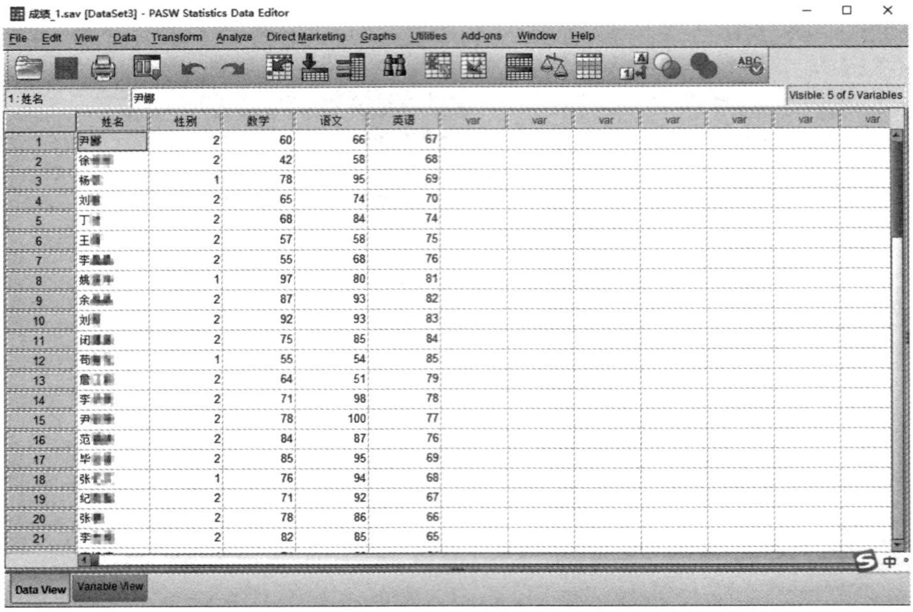

图6-13 录入数据界面

3. 保存数据文件

单击菜单“File→Save 或 Save As”，或者单击工具栏保存按钮，可为数据文件定义文件名，并将数据文件保存在指定文件夹中，如图6-14所示。

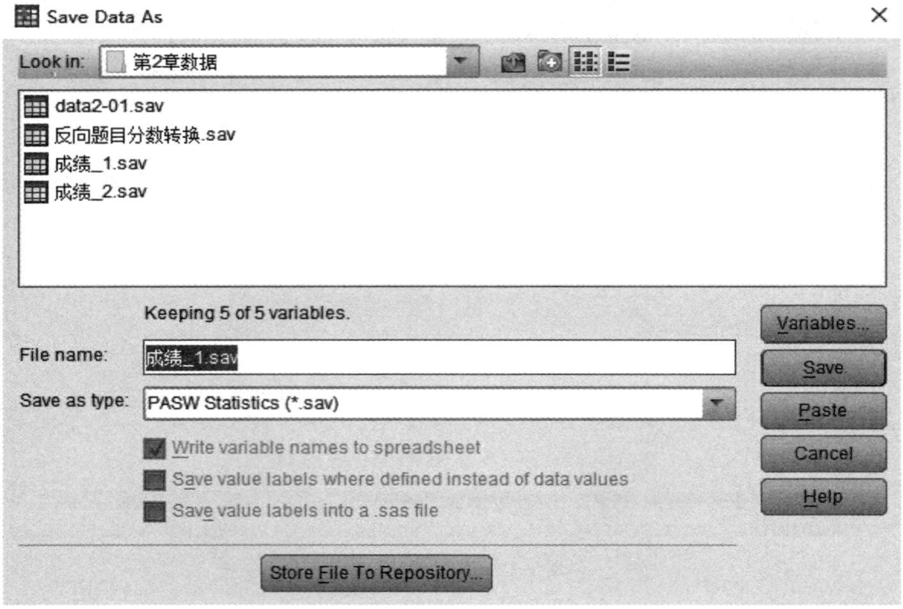

图6-14 保存数据文件

4. 打开数据文件

单击菜单“File→Open→Data”可选择打开存在某一文件夹下的指定数据文件，如图 6-15 所示。

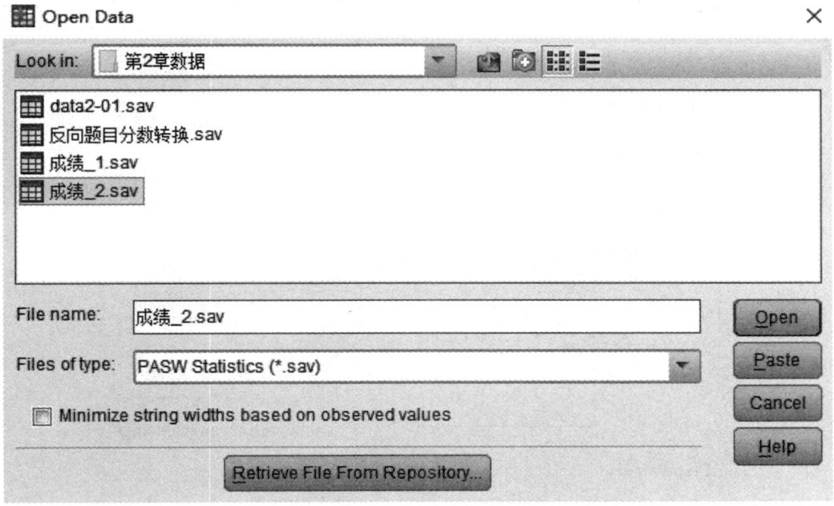

图 6-15　打开数据文件界面

(二)描述统计分析

1. 频数分析

打开一个数据文件后，单击“Analyze →Descriptive Statistics→Frequencies”后出现一个对话框，把需要分析的变量从左侧变量框移入右侧“Variable(s)”中，如图 6-16 所示。

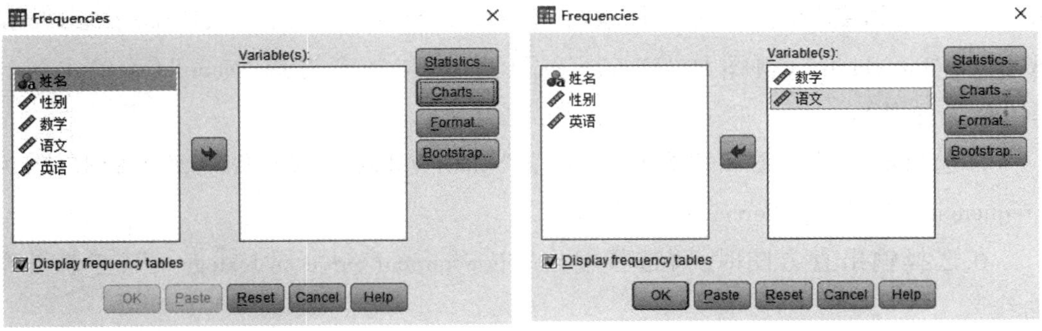

(1)　　(2)

图 6-16　频数分析主界面

左下角默认选择“Display frequency tables”，结果输出窗口中将输出次数分布表。

点击右侧“Statistics”(统计量)按钮,进入统计量对话框,如图7-17所示,可选择对话框右上角“Central Tendency”中表达数据集中趋势的统计量,如Mean(平均数)、Median(中位数)、Mode(众数)、Sum(总和),也可选择左下角“Dispersion”输出表达数据离散趋势的统计量,如Std.deviation(标准差)、Variance(方差)、Range(全距)等。

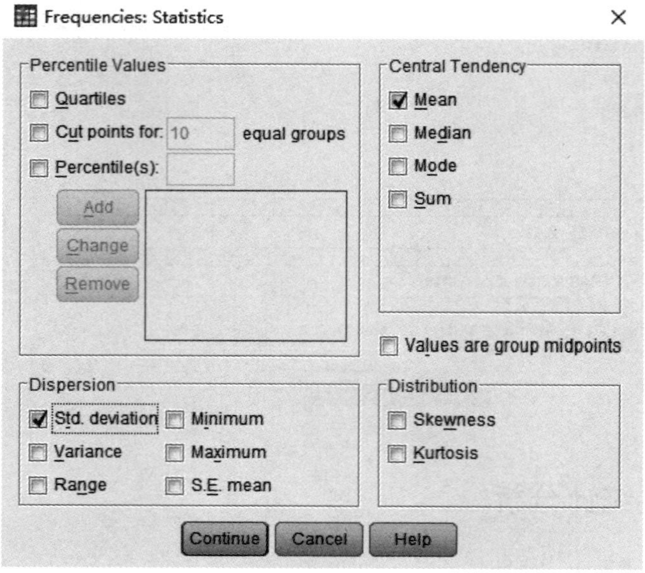

图6-17　频数分析“Statistics”对话框

单击“Continue”,返回上一级对话框。

单击图6-16右侧“Charts”(统计图)按钮,进入统计图对话框,如图7-18所示。根据数据变量类型,可选择输出统计图类型(Chart Type),如“Bar charts”(条形图)、“Pie charts”(饼图)、“Histograms”(直方图)或者选择“None”(不输出统计图,默认选择)。

在选择输出条形图和饼图时,可设置“Chart Values”(统计图的纵坐标取值)为Frequencies(次数)或Percentages(百分数)。

在选择输出直方图时,可选择输出“Show normal curve on histogram”(正态分布曲线)。

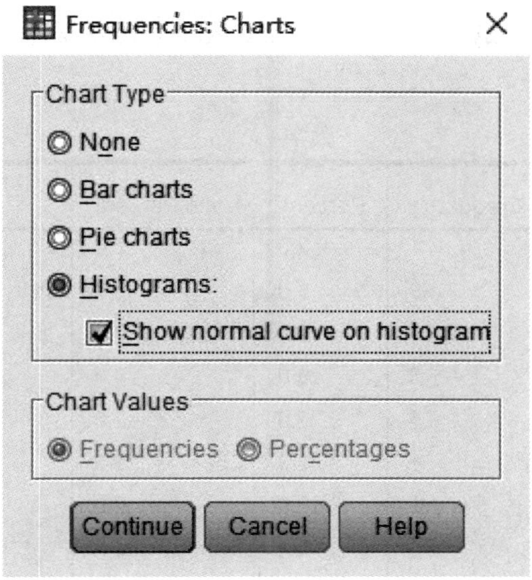

图 6-18　频数分析“Charts”对话框

单击“Continue”，返回上一级对话框。

点击 OK，输出结果。

		数学	语文
N	Valid	50	50
	Missing	0	0
Mean		75.78	79.32
Std. Deviation		13.960	16.123

图 6-19　Statistics 统计表

Statistics 统计量表格中输出了数学成绩、语文成绩的有效数据是 50，缺失值为 0。数学成绩的平均值为 75.78，标准差为 13.960；语文成绩的平均值为 79.32，标准差为 16.123。

Frequency Table

数学

		Frequency	Percent	Valid Percent	Cumulative Percent
Valid	42	1	2.0	2.0	2.0
	55	3	6.0	6.0	8.0
	56	1	2.0	2.0	10.0
	57	3	6.0	6.0	16.0
	60	1	2.0	2.0	18.0
	62	1	2.0	2.0	20.0
	64	1	2.0	2.0	22.0
	65	2	4.0	4.0	26.0
	67	1	2.0	2.0	28.0
	68	1	2.0	2.0	30.0
	70	1	2.0	2.0	32.0
	71	4	8.0	8.0	40.0
	72	1	2.0	2.0	42.0
	74	1	2.0	2.0	44.0
	75	3	6.0	6.0	50.0
	76	2	4.0	4.0	54.0
	78	4	8.0	8.0	62.0
	82	1	2.0	2.0	64.0
	84	2	4.0	4.0	68.0

图6-20　次数分布表

由数学成绩的次数分布表可知，最左侧一列为数据中的原始数据，从小到大依次排列，第二列为各原始数据出现的次数，第三列为次数所占的百分比，第四列为次数的有效百分比，最后一列为累积的百分比。

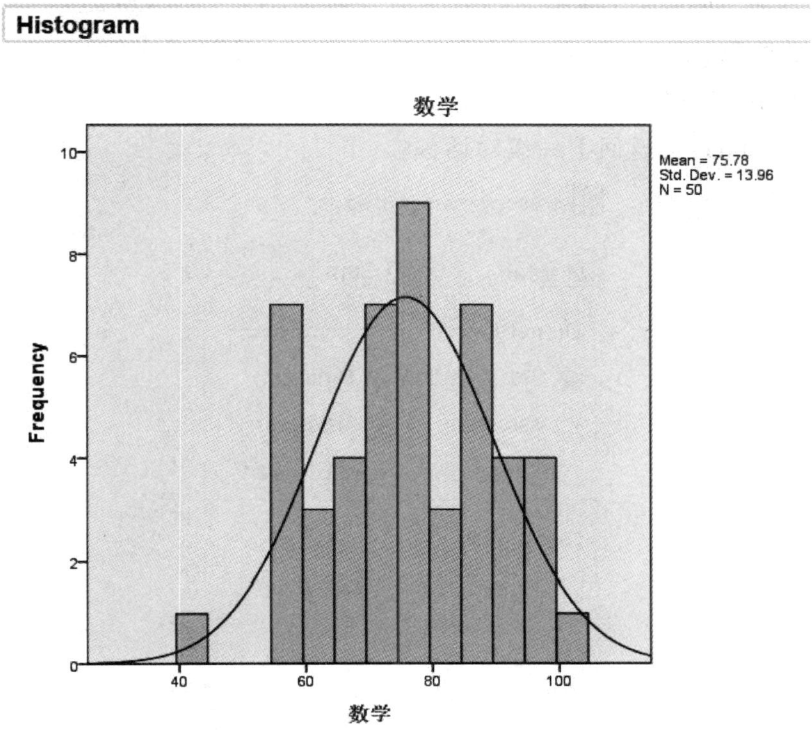

图 6-21　次数直方图

图 6-21 表示的是数学成绩的次数直方图，纵轴表示数据出现的次数。

2. 描述统计分析

打开一个数据文件后，单击"Analyze→Descriptive Statistics→Descriptives"出现一个对话框，如图 6-22 所示，把需要分析的变量从左侧变量框移入右侧"Variable(s)"中。

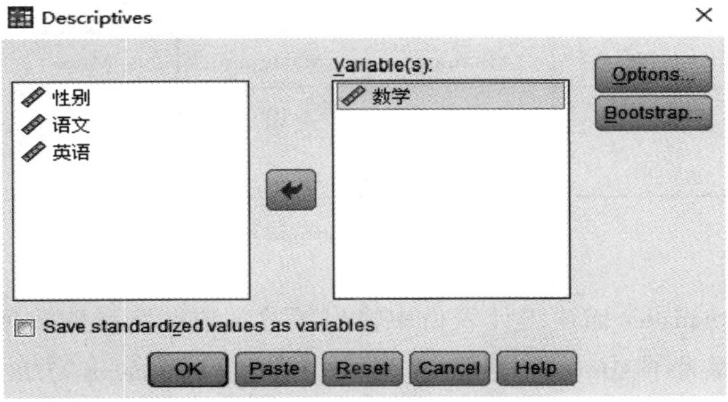

图 6-22　Descriptives 对话框

单击右侧“Options”(选项)按钮,进入选项对话框,如图 6-23 所示,默认选择“Mean”(平均数)、“Std.deviation”(标准差)、“Minimum”(最小值)、“Maximum”(最大值),即可在结果窗口中输出相应统计量。

单击“Continue”,返回上一级对话框。

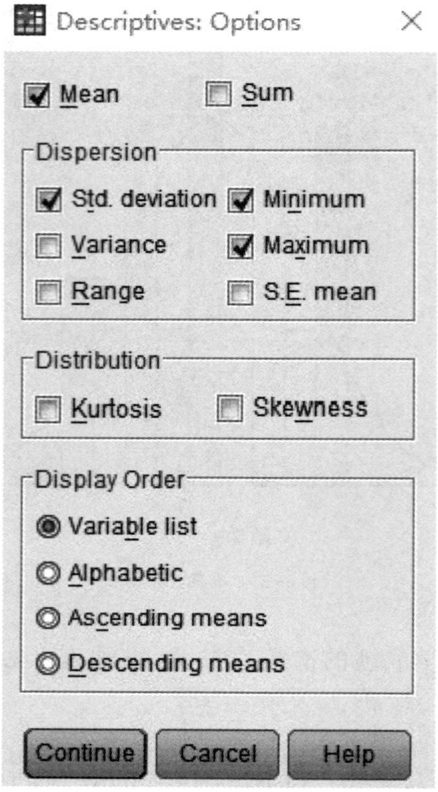

图 6-23　描述统计分析“Options”对话框

单击 OK,输出结果。

Descriptive Statistics

	N	Minimum	Maximum	Mean	Std. Deviation
数学	50	42	100	75.78	13.960
Valid (listwise)	50				

图 6-24　Descriptive Statistics 统计表

Descriptive Statistics 描述统计表格中输出了数学成绩变量的数据数目 N=50、有效数目 N=50,最小值 Min=42、最大值 Max=100、平均数 $Mean$=75.78 和标准差 SD=13.960。

（三）推断统计分析

1. 独立样本 t 检验

例：随机抽取了某幼儿大班20名学生的数数测验成绩，其中9名男生的成绩分别为90、91、89、78、80、95、79、80、85，11名女生的成绩分别为78、88、89、86、92、93、99、96、91、70、86。试问男女生数数测验成绩有无显著差异？

此例题属于假设检验中独立样本 t 检验，统计分析在“Analyze→Compare→Means→Independent-Samples T Test”①程序下完成。

具体步骤如下：

（1）打开数据文件1.sav，如图6-25所示。

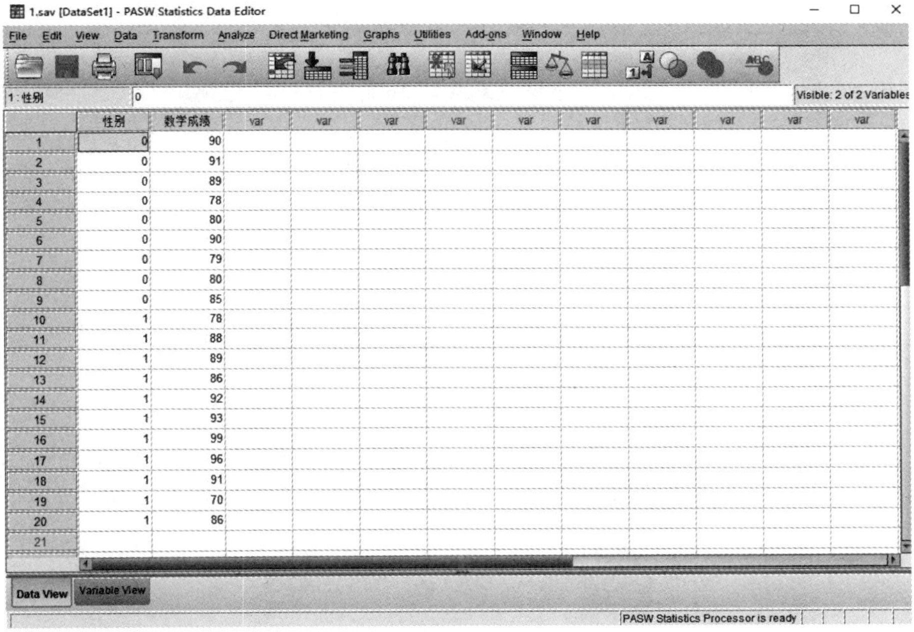

图6-25　打开数据文件界面

（2）依次单击“Analyze→Compare Means→Independent-Samples T Test”，打开对话框，如图6-26所示，将“数学成绩”变量移入右侧“Test Variable(s)”（检验变量）中，将“性别”变量移入右侧“Grouping Variable”（分组变量）中。

① “T Test”为了和软件统一，未作改动。

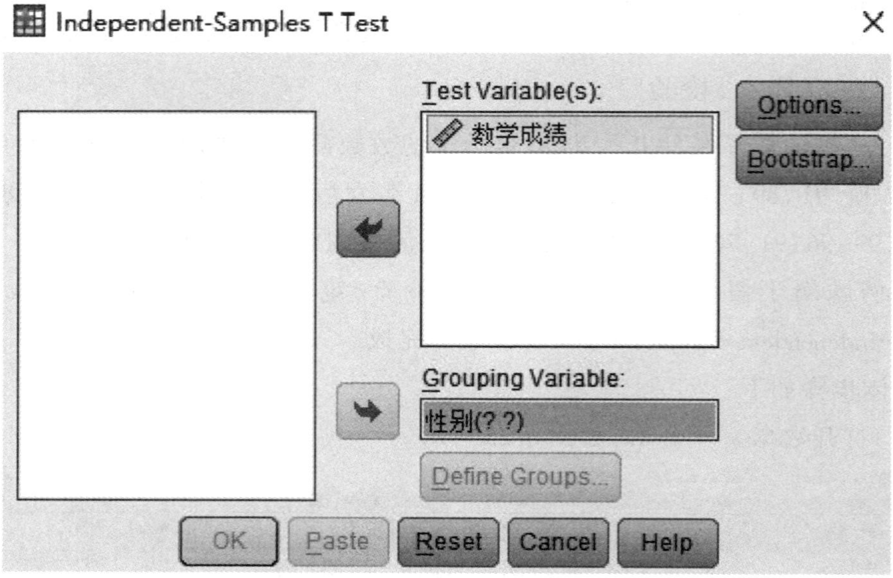

图6-26　独立样本t检验主对话框

"性别"后出现（??），单击"Define Groups"（定义组），输入要分析的两个组名称，分别为"0"和"1"，如图6-27所示。

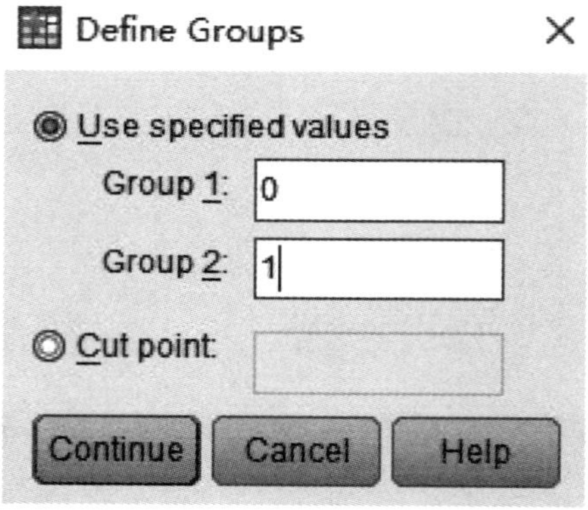

图6-27　Define Groups对话框

单击"Continue"，返回上一级对话框。

（3）单击OK，输出结果。

在结果窗口中，输出"Group Statistics"（分组统计量）表格，如图7-28所示。表格中输出男生数学成绩的数目N=9，平均值为84.67，标准差为5.431，标准误为1.810；女生数学成绩的数目N=11，平均值为88.00，标准差为8.173，标准误为2.464。

Group Statistics

性别		N	Mean	Std. Deviation	Std. Error Mean
数学成绩	男	9	84.67	5.431	1.810
	女	11	88.00	8.173	2.464

图 6-28 Group Statistics 统计表

在结果输出窗口中，输出了“Independent Samples Test”（独立样本检验）表格，如图 6-29 所示。表格中的结果分为两行，第一行为“Equal variances assumed”（假定方差相等）的结果，第二行为“Equal variances not assumed”（假定方差不相等）的结果。

至于选择假定方差相等的结果还是假定方差不相等的结果，需要根据表格中第二列、第三列“Levene's Test for Equality of Variances”的 F 检验的结果来判断。当 F 值的显著性水平 $P \leq 0.05$ 时，表示方差不齐性，即方差不相等。当 F 值的显著性水平 $P > 0.05$ 时，表示方差齐性，即方差相等，应该选择第一行 t 检验的结果来报告，在本例中，$F=0.278$，$P=0.605>0.05$，即为方差相等。

Independent Samples Test

		Levene's Test for Equality of Variances		t-test for Equality of Means						
									95% Confidence Interval of the Difference	
		F	Sig.	t	df	Sig. (2-tailed)	Mean Difference	Std. Error Difference	Lower	Upper
数学成绩	Equal variances assumed	.278	.605	-1.046	18	.309	-3.333	3.185	-10.025	3.359
	Equal variances not assumed			-1.090	17.379	.291	-3.333	3.058	-9.774	3.107

图 6-29 独立样本 t 检验统计表

在假定方差相等的情况下，$t=-1.046$，$df=18$，$P=0.309>0.05$，表示接受原假设，即男生、女生在数数成绩上不存在显著差异。

2. 配对样本 t 检验

例：某教师在推行新的教学方法之前随机抽取了 10 名学生进行数学测试，经过一个学期的教学方法改革实践，仍然抽取该 10 名学生进行数学测试，两次测验的成绩如表 6-16 所示。问两次测验成绩是否有显著差异？

表 6-16 10 名学生教学方法改革前后数学成绩表

编号	1	2	3	4	5	6	7	8	9	10
前测成绩	90	87	69	70	88	70	95	98	81	79
后测成绩	97	89	70	70	85	79	99	96	90	85

此例题属于假设检验中配对样本 t 检验，统计分析在“Analyze→Compare Means→Paired-Samples T Test”程序下完成。

具体步骤如下：

（1）打开数据文件 2.sav，如图 6-30 所示。

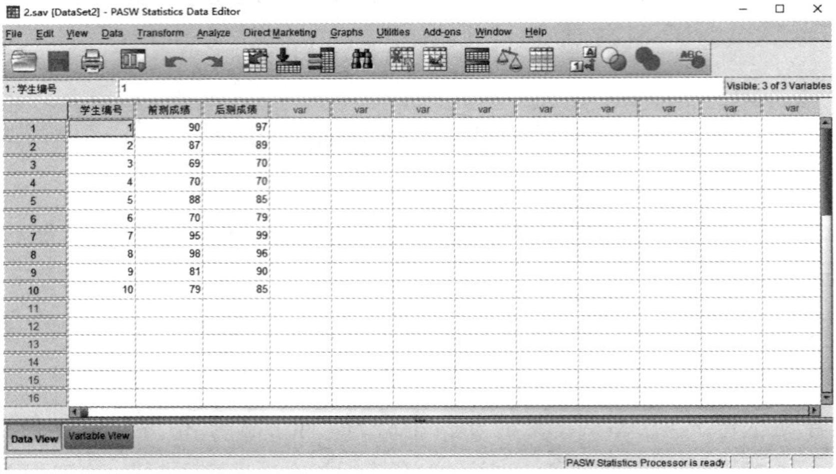

图 6-30　打开数据文件界面

（2）依次单击“Analyze→Compare Means→Paired-Samples T Test”，打开对话框，如图 6-31 所示，将“前测成绩”变量、“后测成绩”变量移入右侧“Paired Variables”（成对变量）中，两个变量构成一组配对数据。如果还需检验其他配对数据也可同时移入右侧对话框进行检验。

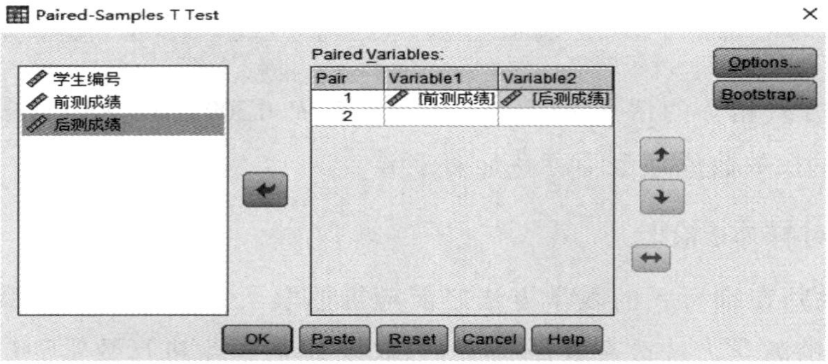

图 6-31　配对样本检验主对话框

（3）单击 OK，输出结果。在结果输出窗口中，输出“Paired Samples Statistics”（配对样本统计量）表格，如图 6-32 所示。表格中输出前测成绩的数量为 N=10，平均数为 82.70，标准差 SD=10.605，标准误为 3.353；后测成绩的数量为 N=10，平均数为 86.00，标准差 SD=10.424，标准误为 2.296。

Paired Samples Statistics

		Mean	N	Std. Deviation	Std. Error Mean
Pair 1	前测成绩	82.70	10	10.605	3.353
	后测成绩	86.00	10	10.424	3.296

图 6-32　Paired Samples Statistics 统计表

在结果输出窗口中，输出"Paired Samples Correlations"（配对样本相关系数）表格，如图 6-33 所示。表格中显示前测成绩、后测成绩的相关系数 r=0.914，P =0.000。

Paired Samples Correlations

		N	Correlation	Sig.
Pair 1	前测成绩 & 后测成绩	10	.914	.000

图 6-33　Paired Samples Statistics 统计表

在结果输出窗口中，输出了"Paired Samples Test"（配对样本检验）表格，如图 6-34 所示，第二列表示前测成绩与后测成绩差值的平均值 Mean=−3.300，差值的标准差 SD=4.373，标准误为 1.383,差值的 95%置信区间为−6.428~−0.172。

配对样本检验 t=−2.386，df=9，P=0.041 < 0.05，即前测成绩与后测成绩之间差异显著，由于前测成绩<后测成绩，所以，学生的后测成绩显著高于前测成绩。

Paired Samples Test

		Paired Differences					t	df	Sig. (2-tailed)
					95% Confidence Interval of the Difference				
		Mean	Std. Deviation	Std. Error Mean	Lower	Upper			
Pair 1	前测成绩 - 后测成绩	-3.300	4.373	1.383	-6.428	-.172	-2.386	9	.041

图 6-34　Paired Samples Test 统计表

通过本章内容，介绍了在学前教育研究中，对调研获得的资料进行定性分析和定量分析的常用方法，尤其是在定量分析中，常用的统计图表、集中量数、差异量数以及相关分析均可以对数据资料进行描述统计分析。此外推断统计分析也是定量分析中的重要内容。在实际研究中，要学会综合利用定性分析和定量分析资料的方法，才能获得全面有效的研究结论。

思考与练习

请谈谈你对描述性统计和推断性统计的理解。

练习题

1. 下面哪个统计量不能用来描述数据的离散程度（ A ）。

 A. 算数平均数　　B. 标准差　　C. 方差　　D. 中位数

答案解析：略

2. 常用于描述离散性随机变量统计事项的统计图是（ C ）。

 A. 条形图　　B. 次数直方图　　C. 次数多边图　　D. 散点图

答案解析：略

3. 相关系数（r）的取值范围为（ AD ）。

 A. $-1.00 \leqslant r \leqslant 0.00$　　B. $0.00 \leqslant r \leqslant +1.00$

 C. $-1.00 \leqslant r \leqslant +1.00$　　D. $-0.50 \leqslant r \leqslant +0.50$

答案解析：略

4. 在一项有关幼儿阅读能力和讲故事比赛成绩相关关系的调查中，调查15名幼儿得到的数据如下表所示，问阅读能力与讲故事比赛成绩之间是否存在相关？

序号	1	2	3	4	5	6	7	8	9	10	11	12	13	14	15
阅读能力	80	80	66	65	75	77	79	76	75	73	75	56	68	79	74
讲故事比赛成绩	85	88	95	85	87	81	86	85	86	85	95	83	95	83	90

答案解析：幼儿阅读能力与讲故事比赛成绩之间存在显著正相关。幼儿阅读能力与讲故事比赛成绩均为连续型数据，应采用积差相关分析。

5. 随机抽取某幼儿园5岁女生10名，测得体重（kg）分别为：10、12、10、12、13、11、11、15、14、14。请用SPSS软件分析并指出该幼儿园5岁女生与全国平均水平（12 kg）是否有差异？

答案解析：幼儿园5岁女生体重与全国平均水平无显著差异。

此题采用单样本t检验进行分析，在SPSS软件中，通过“Analyze　Compare Means→One-Sample T Test”命令完成。

某幼儿园5岁女生体重与全国平均水平的差异检验

人数	平均数	标准差	t	P
10	12.20	1.751	0.361	0.726

思考与实训

思考：

请查阅一些有关幼儿教育与心理发展的实验研究和调查报告，分析其是如何进行数据处理的。

实训：

为了了解某幼儿园学生身高情况，随机抽取中班、大班幼儿各15名，测得其身高(cm)分别为：

中班：100 105 105 106 101 101 107 110 106 104 104 107 106 105 106

大班：108 108 107 106 111 110 109 107 104 105 109 108 110 107 105

(1)请用SPSS软件分析计算出中班幼儿身高的算数平均数、标准差；

(2)请用SPSS软件分析计算出大班幼儿身高的算数平均数、标准差；

(3)请用SPSS软件分析中班和大班幼儿的身高有无统计学上的显著差异。

推荐阅读

1. 刘晶波．学前教育研究方法[M]. 北京：人民教育出版社，2006.

2. 张厚粲，徐建平．现代心理与教育统计学[M]. 北京：北京师范大学出版社，2003.

3. 张奇．SPSS for Windows：在心理学与教育学中的应用[M]. 北京：北京大学出版社，2009.

第 7 章

科研成果的表述与评价

某幼儿园的某项科研课题进入尾声要结题了。什么是科研成果？什么是科研成果的表述？成果表述的类型有哪些？如何能准确地把成果表述出来？某园长参观了某市举行的幼儿园科研成果展示会,面对一系列的科研成果,哪些可以被自己的幼儿园吸收,怎样将他们的成果应用于自己的幼儿园？ 等等。面对这些问题,希望通过本章的学习能给你带来一些启示。

【学习目标】

1. 了解学前教育研究成果的含义与分类。
2. 熟悉研究报告与研究论文的基本结构与规范要求。
3. 掌握研究报告与研究论文的写作技巧。

【学习重点】

1. 科研成果的形式与基本结构。
2. 学前教育科学研究成果的写作流程。
3. 科研成果的评价。

【知识结构图】

- 科研成果的表述与评价
  - 科研成果的形式与基本结构
    - 学前教育科学研究成果表述概述
    - 学前教育科学研究成果表述的意义
    - 学前教育科学研究成果表述的基本特征
    - 学前教育科学研究成果表述的形式
    - 学前教育科学研究成果表述的基本结构与要求
    - 研究报告与研究论文的比较
  - 科研成果的写作流程与学术规范
    - 学前教育科学研究成果的写作流程
    - 学前教育科学研究成果的学术规范
  - 科研成果的评价
    - 学前教育科学研究成果的评价及意义
    - 学前教育科学研究成果的基本条件
    - 学前教育科学研究成果评价的内容
    - 学前教育科学研究成果评价的方式、方法及评定程序

第一节 科研成果的形式与基本结构

一、学前教育科学研究成果表述概述

学前教育科学研究成果是科研工作者在学前教育科学研究过程中,运用科学研究方法所揭示的学前教育规律或者是用学前教育规律变革学前教育的技术创新。它所反映的是人们对学前教育现象的本质或教育现象之间的本质的必然联系的真理性认识。

学前教育科学研究成果主要包含3个方面:

(1)对学前教育现象或儿童身心发展状况的揭示;

(2)通过检验研究假设而建立或完善学前教育科学理论;

(3)提出新的教育方法或措施。

在一项科研成果中,这3个方面可以以某1个、2个或3个而独立存在。作为学前教育科学研究成果,其表现形式主要有两种:第一,文字表述形式,如各类研究报告、研究论文、著作、教材等;第二,音像制品和实物形式,如录音带、录像带、计算机软件、挂图、模型、标本等。

二、学前教育科学研究成果表述的意义

学前教育科学研究成果的表述是对学前教育研究工作的目的、过程、方法、成果的概括和总结,是呈现研究成果的重要形式。一项质量较高的教育科学研究课题,如果不能以被社会所接受的表达方式准确地反映其研究成果,将是一件非常遗憾的事情,同时,教育科学研究活动也就失去了意义。学前教育科学研究成

果的表述有以下3个方面的意义。

(一)有利于研究成果的交流和推广,丰富学术文献

学前教育科学研究成果的表述,使研究成果成为全社会所知的精神财富,使研究成果在更广大的范围内得到相应的应用和推广,从而产生出更大的社会效益和经济效益。

(二)有利于增进研究者的研究能力,提高科研素养

学前教育科学研究成果的表述,反映出研究者的观点、立场和方法,反映出研究者的专业水平、研究能力、写作能力和创造能力。可以说,学前教育科学研究成果的表述本身,也是研究工作的一部分,是科学研究的最后环节。通过学前教育科学研究成果的表述,可以使研究者的科研水平得到提高,科研能力得到提升。

(三)有利于知识的深化和理论的发展

学前教育科学研究成果的表述是研究过程高度的概括和总结,它揭示了一定的教育规律,实现了理论的升华。同时,学前教育科学研究成果的表述,又是对学前教育实践活动的总结,也是新的研究工作的基础,它为某一教育问题的解决提供理论依据、建议和方案,从而推动学前教育改革的进程,同时,也为理论研究者及实践工作者提供有价值的研究基础和参考资料。

通过研究论文的撰写,可以进一步检验已发现的教育技术研究成果,使之更加充实、完善。并且,极有可能帮助科研人员根据现有的成果发现新的、有价值的研究课题,甚至开拓出一个新的研究领域。

三、学前教育科学研究成果表述的基本特征

学前教育科学研究成果表述是指研究者在学前教育科学研究过程基本完成之后,按一定的形式和规则,运用文字或图表等对研究过程及所获得的结论进行系统的阐述和表达。它是对学前教育科学研究课题研究过程的概括和总结,告知学前教育科学研究工作过程和结果,以展示研究价值、取得社会承认,能够促进学术交流,促使成果转化,促进研究者自身素质提高。

(一)科学性和准确性

科学性是科研论文的生命,主要是指要正确地说明研究对象所具有的特殊

性,并且要尊重事实,尊重科学。具体来说,包括论点正确、论据充分、论证严密、符合逻辑、数据可靠、处理科学、计算精确、结论客观等。

准确性是指对客观事物即研究对象的运动规律和性质的主观表述接近客观实际的程度,包括概念、定义、判断、分析和结论要准确,对自己研究成果的价值估计要确切、恰当,对他人研究成果的评价要实事求是。

(二)创新性和学术性

创新性是科研论文的灵魂,是衡量科研论文质量的重要标志。创新性可体现在新规律、新见解、新理论、新方法等方面,也可体现在实践应用方面。

学术性指一篇科研论文应具有一定的学术价值。主要体现在以下3个方面:

1. 研究的科学性

科研论文报道的研究结果真实可靠,且具有可重复性。

2. 内容的专业性

科研论文内容应具有很强的专业属性,不能是经验、事实的堆砌。

3. 读者的专业性

科研论文的读者群绝大多数是具有一定学术水平和专业知识的人员。

(三)规范性和可读性

规范性体现科研论文的价值。具体而言,在文字表达上,要求语言准确、简明、通顺,条理清楚,层次分明,论述严谨。在技术表达方面,包括名词术语、数字、符号的使用,图表的设计,计量单位的使用,文献的著录等都应符合规范化要求。

可读性是指文章文字通顺、语法正确、概念准确、表达清晰、论点鲜明、论据充分等。

(四)逻辑性和再现性

逻辑性是科研论文的结构特点,主要体现为脉络清晰、演算正确、推断合理,阐述研究结果要简单明了,语言描述切忌晦涩难懂,否则会让读者失去进一步阅读的兴趣。

再现性是指根据论文中所描述的实验方法、实验条件、实验设备,重复作者的实验时应能得到与作者相同的结果。

（五）客观性和公正性

科学研究的质量在于它的客观性，研究成果的表述正是这一性质的最终体现。注重学前教育科学研究成果表述的客观性，就是要求研究者在进行研究成果的表述时，尊重客观事实，以事物的本来面目为依据，不主观臆测或随意歪曲事实结果，做到实事求是。“事”就是事实，“是”就是规律，实事求是就是根据事实得出规律。也就是说，研究者在对所获得的材料进行处理、分析和概括时，要严格地依据客观事实，既不能把信手拈来的所谓实事作为研究成果加以表述，也不能在缺乏学前教育实践材料的情况下进行“闭门造车”式的研究表述。

在进行科研成果的表述时，应遵守一般的科学研究的道德常识，充分尊重有关研究人员的名誉与权利；报告作者的署名次序，应按照各人对研究工作的贡献大小、所负责任的重要程度而定；在用实验组和控制组(对照组)进行教育实验的研究中，一般不宜写出各组教师的姓名和单位，也不宜对其单位或个人的工作进行评价；在阐述儿童发展情况测量结果时，一般不应把儿童姓名写出来，以免产生不良效果；研究报告中所涉及的资料，一般应以群组资料的面目出现（个案研究例外），避免涉及个人隐私和姓名地址。

四、学前教育科学研究成果表述的形式

学前教育科学研究成果的表述，可以是针对某一项具体的调查或实验研究所作的终结性报告，也可以是针对某一理论或问题进行探讨和分析所作的学术文章。根据研究成果的性质和特点，可以将学前教育科学研究成果的表述形式分为学前教育科学研究报告和学前教育科学研究论文两种形式，统称为科研论文。

（一）学前教育科学研究报告

1. 学前教育科学研究报告的含义

学前教育科学研究报告是用观察、实验和调查等实证性方法收集学前教育科学中的实际材料，以事实和数据来呈现研究的结果，并就研究结果进行科学理论上的讨论的成果表述形式。

教育科学研究报告最为显著的特点是其占有客观的事实材料和确凿的具体数据。研究报告要求研究者对研究方法和材料做具体、清楚地描述，客观地呈现出研究过程，合理地解释研究结果。所以，教育科学研究报告中的事实材料和具

体数据是其主要的构成内容。例如,某研究者采用实验法对形成和促进幼儿数概念的条件进行系统的研究,得出了很有价值的研究结论,并在此基础上撰写了《对幼儿百以内数概念的形成和促进的研究》一文。这一成果的表述属于学前教育科学研究报告的形式。

2. 学前教育科学研究报告的类型

学前教育科学研究报告是对研究过程和研究结果的概括和总结,是以事实和数据来说明和解释问题的表示形式。根据研究中所采用方法的不同,可将研究报告分为观察报告、调查报告、实验报告以及经验总结报告等不同的类型。

(1)观察报告。观察报告是在较长一段时间内对某种教育现象进行观察,将情况进行记录和分类整理,并分析、探求其原因或规律的一种教育科学研究报告。

(2)调查报告。调查报告是对某种学前教育现象进行调查,并将情况加以整理分析,以探究教育规律,找出解决问题的方法和途径的一种教育科学研究报告。

(3)实验报告。实验报告是在每项学前教育实验之后,对整个实验过程进行全面总结,从而提出客观的、概括的、能反映研究全过程及其结果和结论的一种学前教育科学研究报告。

(4)经验总结报告。经验总结报告是在学前教育实践过程中,通过积极探索,将积累起来的经验,经过筛选加工,分析研究,寻找规律,得出有指导意义的结论,并上升到一定的理论高度,使其具有更广泛应用性的一种学前教育科学研究报告。

(二)学前教育科学研究论文

1. 学前教育科学研究论文的含义

学前教育科学研究论文是用概念、判断和推理等思辨的方法来证明和解释教育教学中的现象和问题,并从理论上对现象和问题加以分析和讨论的成果表述形式。

教育科学研究论文要求研究者能够提出较新的观点或较新的理论体系,并阐述新旧观点之间的关系。也就是说,论文要向读者展示研究者的明确论点及其理论形成的思维过程。

2. 学前教育科学研究论文的类型

学前教育科学研究论文是以理论分析为主要方式,以阐述对学前教育教学中某一事实和问题的理论性认识为主要内容的表述形式。根据研究内容的不同,可将学前教育科学研究论文分为评论性论文和说明性论文。

(1)评论性论文。评论性论文是就学前教育领域中的一个问题或观点,对大量的文献资料或问题进行评价和讨论,从而得出有意义的结论。

例如,某幼儿教师在阅读了《为孩子保留一个完整的家》一文后,撰写了一篇题为《这对夫妻应该离婚吗？与××商榷》的文章,通过理论分析,对作者文章中的观点提出了异议。这一成果的表述属于评论性论文。

(2)说明性论文。说明性论文是就学前教育中或日常生活中的某些具有典型性的现象,进行理论分析和讨论,对复杂的现象进行深入的探讨,从而给予科学的解释和说明。

例如《幼儿告状行为浅析》《浅议幼儿的上课插嘴现象》等论文,是对幼儿在日常家庭生活或幼儿园生活中的特殊行为所作的理论层面的分析和探讨。又如,《从知觉规律看教具的制作和使用》,是幼儿教师根据心理学原理对幼儿园中教具的制作与使用所作的理论层面的分析和探讨。这些成果的表述均属于说明性论文。

总之,由于研究目的、内容和方法的不同,使学前教育科研论文有了不同的形式。所以,在写作的整体框架结构上,不同形式的学前教育科研论文有所差异。

五、学前教育科学研究成果表述的基本结构与要求

学前教育科学研究成果表述一般有两种类型,一种是研究报告,一种是科研论文。一般情况下,以实证为主的研究其成果多表现为具体的教育事实或规律,应以研究报告的形式表述;纯理论研究其成果内容多是理论观点或理论体系,应以科研论文的形式表述。

(一)研究报告的一般格式与要求

1. 一般格式

研究报告的格式多种多样,但具有一定的相似性,格式一般如下:

标 题

(作者　单位)

摘 要

一、研究内容

二、研究方法

三、研究结果

四、讨论

五、结论

六、引文注释和参考文献

文章中对于上述成分的标题分类可各有不同,比如,有人把文献综述、研究问题、假设分成3个部分或把结果、结论与讨论结合在一起作为一个部分,但无论怎样划分,具体内容均应包含上述主要成分。上述主要成分的出现顺序虽有相对的规律,但在撰写过程中不一定完全以此先后顺序来写。例如,最先出现的摘要,却在全文落成之后才能最后定型,否则,很难真正概括全文的重要内容。

2. 各主要部分的要求

(1)标题。标题是对研究报告的高度概括,它反映了所研究的问题,应当简洁、明了、准确。例如,某次对儿童的交流能力进行调查,题目可以确定为"儿童早期交流能力的调查"。标题内容与表述内容在概括范围上应保持一致,文字简洁,一目了然。标题下面应注明作者和单位。第一作者一般应是本项研究的主要负责人或主要贡献者。

(2)摘要(包括关键词)。摘要是对报告中重要内容的概括和总结,要简洁地交代研究的问题、理论假设、选取的被试、研究方法、结果与结论,一般在200字左右。

摘要部分的关键词是指科研报告中起支柱作用的词,应能反映研究的内容、领域和角度,抓住研究的关键部分。一般不超过5个关键词,通常选取标题中的变量、研究假设中的变量及研究主题中的变量,其作用在于给读者以"画龙点睛"的效应。

(3)研究内容。主要包含3个方面:

①研究问题。明确提出所要研究的问题,阐述问题的性质,赋予研究问题以操作定义,说明研究问题的理论意义和实践意义。

②文献综述,即对以往研究的回顾。围绕研究目的,对研究问题或假设的有

关文献资料进行综合性论述,论述以往研究的状况、尚存在的问题及与本次研究的内在逻辑关系。对以往文献的评论要严谨,选择文献要有针对性。

③提出研究的假设。此部分也可以问题的提出、前言、引言等形式出现。例如,以问题的提出为例,应表述如下几点:选题的依据、课题的价值和意义,目前在这一方面的研究成果现状、问题及趋势,该项研究所要解决的问题及研究的理论框架。可以采用以下几种形式表述:以平铺直叙、开门见山的方式直入主题,或从揭示矛盾入手,提出问题,通过所提问题引入主题,或先交代研究目的和要求,逐步展开。

(4)研究方法。主要表述以下5个问题:

①被试。如何随机取样、被试群体人数、性别等。

②具体的研究方法。如采用行动研究法、教育调查法等。

③材料与研究工具。主要有两种类型,一是定型的仪器、设备,标准化的测验、量表;二是根据研究目的自行设计的材料和工具。

④研究设计与程序。如研究设计的类型、被试的分组、研究的具体步骤与要求、无关变量的控制等。

⑤评分标准与统计方法。

(5)结果。主要是呈现经过定性分析和定量分析所得到的结果。

要用差异检验来说明数据的可靠性,最好运用图、表直观表达数据资料,呈现出研究的结果。

(6)讨论。讨论是对研究结果的议论,主要讨论以下4个方面的问题:

①解释研究结果,推出一般性结论。经过定性与定量分析获得的研究结果,需要讨论来说明产生结果的原因。

②建立与验证理论。检验和建立学前教育与人的发展理论。揭示研究的理论意义是讨论的重要内容

③指出应用价值。学前教育科学研究的一个重要目标是为学前教育实践提供理论依据,直接应用于教育实践,以有利于研究结果的应用与推广。

④指出研究的不足。指出本次研究解决了哪些问题,还存在的不足与问题,以及在研究过程中发现的新问题、新线索,提出需要进一步研究的方向等。

讨论与结果的主要区别在于:结果呈现的是研究中获得的客观结论,并可以在相同的研究中重复出现;而讨论则是对研究过程和结果的分析和反思,是研究者将研究的结果引向理论认识和实践应用的桥梁。

（7）结论。结论应做概念性的阐述，要简明扼要地从理论上或概念上说明结果的意义，要将结果进行归纳与提升，使其具有高度的概括性。

（8）引文注释和参考文献。报告中直接引用他人的资料应注明资料的确切来源，即要写引文注释。引文注释分为页末注（脚注）、文末注（段落或篇后注）、文内注（行内夹注）。

【资料链接】

范例：《提高幼儿教师专业素养的基本策略》

[摘要]当前，我国幼儿教师队伍的专业素养明显落后于《幼儿园教师专业标准（实行）》的要求，已成为制约幼儿教育事业发展的瓶颈之一。幼儿教师职业素养的提升需要社会支持和幼儿教师自主发展。鉴于此，制订专业发展规划、积累专业知识、提高专业能力、反思专业实践和加强同伴合作等基本策略的运用，有助于幼儿教师更好地提高专业素养。[①]

关键词：幼儿教师；专业素养；基本策略

范例：《让幼儿游戏植根于地方文化的策略》

[摘要]游戏是幼儿成长的重要教育方式。充分挖掘地方文化资源，将地方特色与角色游戏相融合，地方艺术与表演游戏相融合，地方古今建筑与建构游戏相融合，继承地方经典游戏项目，结合节日丰富地方游戏内涵，是促进地方文化教育与幼儿健康成长的有效手段。[②]

[关键词] 游戏；地方文化；幼儿教育

六、研究报告与研究论文的比较

研究报告与研究论文为中小学教育科研成果的两种表述形式，既有区别又有联系。

① 索成林．提高幼儿教师专业素养的基本策略[J]．教育理论与实践，2016，36（8）：37－38.

② 邱向琴，孙嫣红，朱燕芬．让幼儿游戏植根于地方文化的策略[J]．学前教育研究，2011（8）：63－65.

(1)研究报告与研究论文在内容要求上存在着一定的差别。

一般来说,论文比较简洁精炼,它仅仅突出表达一项研究工作中最主要、最精彩和具有创造性的内容。论文含有新的见解或形成新的解释、新论点、新理论,没有一般研究过程的叙述,也没有过多的具体材料;而科研报告则可以将整个研究工作的重要过程、方法和环节都写进去。

(2)研究报告与研究论文在创新性方面存在差别。

在创新性方面,研究论文必须在充分占有大量文献资料的基础上提出新见解、新理论,以补充已有研究的不足,纠正流行说法偏差,填补研究的空白,达到现有研究的新高;而研究报告则注重陈述研究过程的事实和数据,说明问题,不一定必须要有创新性观点的形成。

(3)研究报告与研究论文在论证过程中存在差别。

就论证过程来说,研究论文是以"论"成文的,论文作者要运用严谨规范的科学语言、形式和专业的术语概念,来论说所持的观点见解,论证所提出的理论模式,做到就事论理、以理服人,论述深刻、充分,论证严密、透彻,论断精当、公允,论据可靠、确凿,同时还要有较高的推理成分,具有较强的论理性;而研究报告则注重用事实与数据来说明和揭示某一问题或现象,主要凭事实和数据说话。

当然,研究论文和研究报告之间并不存在截然划分的界线。就他们的性质和作用而言,都是对教育研究成果进行的记录、分析、总结和判断,而且有时候以理论分析为主要研究方法的理论性科研报告,本身就是用事实和数据作为论证材料的研究论文。

思考与练习

1. 学前教育科学研究成果表述的意义是什么?
2. 学前教育科学研究成果表述有哪些基本特征?
3. 学前教育科学研究成果表述有哪些形式?
4. 试述学前教育科学研究成果表述的基本结构与要求。

第二节 科研成果的写作流程与学术规范

一、学前教育科学研究成果的写作流程

从实际操作来看,学前教育科学研究成果的写作流程,就是撰写科研论文。这一过程大致包括确定选题、写作准备、撰写初稿以及修改定稿等4个阶段。

(一)确定选题阶段

学前教育科学研究成果就是通过撰写科研论文将研究成果用文字形式加以呈现。所以,选题的确定并不是决定要写什么,而是决定怎样将研究过程中最有价值的部分用最为凝练的文字加以界定。因此,确定研究的选题是写作的第一步,要完整地呈现研究过程,准确地表述研究成果,首先应当作好学前教育科学研究的选题工作。

(二)写作准备阶段

这一阶段主要包括草拟题目、制订计划和整理资料等3个步骤。

1. 草拟题目

草拟题目就是初步确定科研论文的写作主题。

在正式写作之前,草拟题目可以帮助研究者在确定选题的基础上更为精确地限定自己科研论文的内容范围,使研究者在进行写作时紧紧地围绕一个明确的主题,层次分明地表述自己的研究成果。

2. 制订计划

研究者在正式撰写科研论文之前,应当在确定写作主题的基础上对写作工作做出较为合理的计划和设计。例如,为了良好地完成写作任务,研究者应当合理计划和安排写作时间,以保证写作工作顺利、有序地进行。

3. 整理资料

对已经获得的研究资料和数据进行有序的整理和科学的处理,可以为研究者写作科研论文提供充足的素材。研究者可以用卡片摘录的方法对研究资料做分门别类的编排,用绘制图表的方法对数据结果做出记录,从而为写作的顺利进行提供便捷的帮助和支持。

(三)撰写初稿阶段

1. 编写提纲

编拟提纲的过程,就是对全文进行构思和设计的过程,拟提纲时要根据文章的目的和主旨,对全文的内容做通盘的安排,对结构作统一的布局,规划出论文的轮廓,显示出论文的条理和层次。编拟提纲的好处是帮助自己从全局着眼,树立全篇研究论文的基本骨架,明确层次和重点,简明具体,一目了然;还可以避免跑题现象。

编拟提纲一般是由大到小、由粗到细,一层层地思考拟定。即先把论文的大架子安排好,再考虑每一部分的内部层次;然后在各层次下列出要点和事例;最后在提纲的各个大小项目之下记下一些需要用到的具体材料,以备行文时应用。初次写论文的人可以把论文的提纲写得更详细些。

常用科研论文提纲的编写方式有两种:

(1)标题式提纲,又称骨架结构法,是把收集起来的资料按一定的逻辑顺序,分层次地加以排列,并用概括性的语句把论文的题目、大小标题列举出来,形成标题式提纲。一般地,大小标题的层次安排最好不要超过三级。

(2)简介式提纲,是在标题式提纲的基础上,在每个标题下较为详细地写出所要阐述的内容的要点。提纲里的每一个句子将是论文各段的基础。这种提纲有两种表示法,分别是层次系统法和十进系统法。

2. 完成初稿

初稿撰写的条件:

(1)论文主题、思路与观点明确；

(2)熟悉论文全局与部分的关系；

(3)资料信息收集完整齐全；

(4)对写作提纲有一段时间思考；

(5)有相对集中的写作时间安排。

初稿撰写的方法:

(1)“一气呵成”法:撰写论文时就是按照提纲的结构顺序与逻辑层次、选择适当的时间与地点,使自己不受干扰地连续工作几小时进行写作,从而尽快地根据提纲完成初稿。这样做,使研究者全神贯注、思路清晰、连贯,可以降低论文给人的拼凑感,减少或避免写作中的疏漏。

(2)“各个击破”法:撰写论文时可以按照先易后难、先熟后生的原则进行写作,最好进行段落连接,完成论文。这样做,可以分散难点,各个击破,精力时间得到合理使用,但往往难于前后呼应。

初稿撰写的要求:

(1)不必在文字上下太多功夫；

(2)内容上要考虑读者的接受水平；

(3)论文中的术语要具有一致性；

(4)行文要严谨和严肃,不能使用不确定词和比拟抒情句。

(四)修改定稿阶段

研究论文初稿写好以后,不要急于拿出来,“搁置”一段时间,通过反复阅读相关资料,反复推敲,不断修改。研究论文写完后必须回头认真进行修改。

1. 修改的对象

(1)论点是否明确。中心论点和分论点是否正确、全面、深刻,决定着该研究论文的水平与价值,必须写得明确。

(2)论据是否充分,文中的主次是否分明,详略是否得当。

(3)论证手段是否正确,推理是否严密,分析是否合理。

(4)条理层次是否清楚,结构是否完整、紧凑,布局是否合理,前后是否呼应,各部分之间的联系是否连贯自然。

(5)题目是否贴切,字、词、句、标点符号是否正确,语言是否准确、简洁。

2. 修改的方式

(1)增:就是增加、补充。如发现论文中有材料不足、论据不充分的情况,就要增加。如果论文中前后内容缺乏必要的承上启下、过渡转折,便要重新加上去

(2)删:就是删繁就简。研究论文中多余重复、拖杂冗长的段落、句子、词语等要删去。有的作者在修改论文时,常常会不舍得割爱,不忍心将不必要的东西删掉,使论文的质量受到影响。

(3)换:就是更换。修改中如果发现初稿中有用得不恰当的材料或表述上有不正确、不全面、不妥当的地方,就必须进行更换。

(4)移:就是移动,调整。修改时往往会发现初稿中某些材料或语句在文中出现的位置不够恰当,如有的提前了,而有的推后了,发现了这些情况,就要对材料进行调整,包括语句的调整和段落的调整。

3. 修改的方法

(1)自我修改:初稿完成后自己反复通读,可以及时读,也可间隔读,发现不妥、有毛病的问题及时修改。

(2)他人修改:就是请相关同行、同事或专家等进行阅读,提出修改意见,能提高论文的撰写质量。

一篇研究论文,经过反复的修改后,就可以定稿了,定稿时一定要符合文体的要求和规定:

(1)书写要整齐、清楚;

(2)要正确使用标点符号;

(3)要有一定的行款格式。

二、学前教育科学研究成果的学术规范

教育部社会科学委员会制定的《高等学校哲学社会科学研究学术规范(试行)》中对学术成果规范提出了8条要求:

(1)不得以任何方式抄袭、剽窃或侵吞他人学术成果。

(2)应注重学术质量,反对粗制滥造和低水平重复,避免片面追求数量的倾向。

(3)应充分尊重和借鉴已有的学术成果,注重调查研究,在全面掌握相关研究

资料和学术信息的基础上,精心设计研究方案,讲究科学方法。力求论证缜密,表达准确。

(4)学术成果文本应规范使用中国语言文字、标点符号、数字及外国语言文字。

(5)学术成果不应重复发表。另有约定再次发表时,应注明出处。

(6)学术成果的署名应实事求是。署名者应对该项成果承担相应学术责任、道义责任和法律责任。

(7)凡接受合法资助的研究项目,其最终成果应与资助申请和立项通知一致;若需修改,应事先与资助方协商,并征得其同意。

(8)研究成果发表时,应以适当的方式向提供过指导、建议、帮助或资助的个人或机构致谢。

思考与练习

1. 学前教育科学研究成果有哪些写作流程?
2. 试述学前教育科学研究成果的学术规范。

第三节
科研成果的评价

学前教育科学研究是学前教育工作者不断探索的过程，研究者进行科学研究的最终目的是使自己获得的科研成果得到学术界和社会的承认，并在学前教育理论与实践中发挥作用。学前教育科学研究成果评价是实现这一目的的重要手段。

一、学前教育科学研究成果的评价及意义

评价是人们对客观事物进行的一种价值判断活动。科学研究成果评价是人们对科研成果所进行的一种价值判断，是对研究成果的水平、价值、效益进行的综合评估。学前教育科学研究成果评价在学前教育科学研究中是研究过程的逻辑终点，对学前教育科学研究起着导向、鉴定、调节和促进的作用。具体表现为：

（一）鉴定科研成果

通过评价，可以将科研成果本身蕴涵的丰富价值外化，便于学术界和社会了解和认识科研成果的价值。

（二）促进科研成果的交流和应用

通过评价可以对科研成果的科学性、价值性和推广应用的条件进行分析，对推广应用可能产生的各种结果进行预测和评估，从而促进科研成果的广泛交流、应用和推广。同时，也为教育行政管理部门做出科学的教育决策提供依据，有利于教育行政部门加强对本地区、本部门的教育科学研究活动的宏观调控和指导。

(三)促进科研水平的发展和科研队伍素质的提高

在评价过程中,能将研究中有价值的成果和不完善、不周密的方法与结论鉴别出来,以使研究者了解到该次研究活动的得失,并清醒地认识到自己在研究工作中的优势和问题所在并进行反思,便于及时地调整和改进,提高研究质量,促进科研水平的发展。评价有利于增强研究者的科研意识,确立学前教育科学研究的基本要求和规范,使得研究者的素质在评价中不断地得到强化,从而逐渐内化成科研工作者的自觉追求。

二、学前教育科学研究成果的基本条件

研究成果是研究工作的高度概括和科学总结,是研究的最终结论和表现形式。研究成果通常指正式发表的,通过评审鉴定的,被有关部门采纳应用的,为社会广泛承认的产品。

教育研究成果是通过教育研究活动取得的,具有一定的理论价值和应用价值,是研究人员智慧的结晶。它的表现形式以文字表述为主,如各类研究报告研究论文、著作等。另外,教育研究成果还有音像制品和实物形式,如录音带、录像带、计算机软件、挂图、模型、标本等。无论哪种形式,研究成果都要符合以下条件:

1. 正确性

研究成果要体现我国的教育方针和培养目标,体现教育的特性,有利于教育事业的发展。研究成果的概念、含义要符合科学理论,全文事实证据充分,结论正确,经得起实践和逻辑的检验。

2. 客观性

科学研究的基本特点就是客观性。研究结果应是真实可靠的,来不得半点虚假,它应经得起科学检验和重复验证。客观性主要看研究成果能否反映教育实际,所用资料、数据是否属实、准确无误。

3. 创新性

研究本身是一种创造性活动,研究成果应反映研究的新颖性和创造性,体现对人类知识所作的贡献。创新性主要看成果是否具有先进性,是否填补空白、修正前说,是否具有独到的见解。

4. 可读性

研究在追求学术价值的同时,还应考虑实用价值,研究成果的描述应力求文字简练,浅显易懂,有助于读者理解论文的观点和结论。可读性主要看成果是否为广大教育工作者理解、接受。

5. 效益性

研究成果的效益性包括社会效益和经济效益,这是衡量教育研究成果价值大小的一个重要指标。效益性主要看成果是否为决策部门采纳应用,是否有助于教育理论的丰富、完善和发展,是否能解决教育实践中的问题,提高教育质量,推动教育改革。

三、学前教育科学研究成果评价的内容

学前教育科学研究成果的评价在内容上有狭义和广义两种,狭义的学前教育科学研究成果评价是对学前教育科学研究成果本身的评价,例如对科研报告和研究论文的评价。广义的学前教育科学研究成果的评价是指以评价科研成果本身为基础,同时对研究成果所反映出来的学前教育科学研究的目标、过程和结果进行评价,即结合教育科研活动的过程对教育科研成果进行全面的、综合性的评价。本节所讨论的学前教育科学研究成果的评价主要是指广义的评价。

(一)研究目标的评价

通过对目标的评价,使人们在研究中对目标的设定更加科学,对研究假设的设定更加合理。更重要的是评价研究课题的创新价值以及所构建理论体系和概念体系的科学性、可靠性。

(二)研究过程的评价

研究过程是指从课题的确立开始直至研究结论的整个形成过程。研究过程的评价是对整个过程的完整性、程序的合理性和各阶段研究工作质量的评价,主要包括3个方面:第一,对研究前期工作质量的评价,即研究计划是否科学合理,研究的基础条件是否具备等。第二,对研究者操作质量的评价,即收集资料的方法是否合理,资料是否完备真实、对变量的处理是否恰当。第三,对研究资料整理和分析的评价,即研究资料整理是否符合检验研究假设的要求,过程是否规范,各类资料间是否具有逻辑性,资料分析的方法是否合理,过程是否具有逻辑性,结论是否有效。

（三）研究结果的评价

对研究结果的评价主要包括理论价值和应用价值两个方面。

评价研究结果的理论价值在于考查结果在学前教育科学体系中所处的学术地位，即理论的建树、观点的创新、方法的突破、空白领域的填补，以及对学科发展的贡献等。不具备创新性的结论都不能算作教育科研成果，最重要的是评价此项科研结果在多大程度上向未知领域进行了推进。

评价研究结果的应用价值主要是考虑结果的社会价值，即成果对学前教育发展和解决学前教育实际问题方面所发挥的现实作用，同时还要考虑它对教育发展的间接推动作用，即是否能解决实践中的问题，是否能提高教育活动的质量和效益，最重要的是结果能在多大范围内进行推广应用。

（四）研究条件的评价

对研究条件的评价实质上是对科研活动的效益进行评价。科研条件主要是指人力和物力状况，包括教师水平、学生的程度、经费的来源、研究设备等。评价科研活动是否充分利用了这些条件，研究的投入与成果获得之间的效益比例是否恰当等。由于学前教育科学研究的特殊性，这种评价只能视具体情况进行，在评价指标体系上应具有适当的弹性。

在具体评价中，还应根据不同类型的研究成果提出具体的标准，以下是一份科研报告的具体评价指标的实例。

【资料链接】

科研报告的评价指标实例

（一）题目

1. 是否简明？

2. 是否能概括全文主要内容？

3. 关键词是否能提示研究方向或领域？

(二)摘要

1. 用词是否简明准确？

2. 是否概括地论及各主要部分内容？

3. 能否使读者对研究目的、方法、结果等有大致的理解？

(三)文献综述

1. 所包含的内容是否恰当切题？

2. 是否包含了有关领域中新近的重要发现？

3. 是否容纳与当前研究的结果相反的发现？

4. 叙述的结构是否易于理解？

5. 是否有小结？

6. 引用他人研究与文字的方式是否恰当？

(四)研究问题

1. 是否阐述清楚？

2. 是否适当限定范围？

3. 是否指出其重要意义？

4. 有无理论上的合理性？

5. 是否与所阅文献资料的内容有联系？

6. 对重要的名词术语有无必要的解释？

(五)研究假设

1. 是否完整清晰、易于理解？

2. 能否在文献综述部分得到其支持理由？

3. 能否受到检验？

(六)研究方法

1. 取样是否恰当？

2. 是否对研究被试、情境或环境等特征做出说明？

3. 是否清楚交代了研究步骤？

4. 是否对有关变量均下了操作定义？

5. 操作定义是否合理？

6. 研究设计是否恰当？

7. 对无关变量是否做了适当控制?

8. 测量工具是否适宜?

9. 与综述中的同类研究相比,方法上是否有所改进?

四、学前教育科学研究成果评价的方式、方法及评定程序

(一)评价方式

一般来说,人们在学前教育科学研究成果的评价中经常采用的方式有3种,即研究者自评、同行专家鉴定和行政部门评审。

1. 研究者自评

在研究活动结束后,由研究者按照评价指标,对自己的研究成果进行自我评价。这种自评不仅对研究者反思研究工作的全过程、总结经验教训、提高研究的能力有重要意义,而且还能为其他形式的评价提供重要的参考,因此自评是成果评价的最基本形式。

2. 同行专家鉴定

邀请有关专家、同行组成成果鉴定小组,通过论文答辩、成果研讨会、成果鉴定会等形式对研究成果进行鉴定。通过同行专家鉴定可以对教科研成果有无价值和价值大小有一个更清楚准确的认识。一般来说,同行专家鉴定是教科研成果评价的主要形式。

专家鉴定一般由课题立项单位组织进行,根据主持单位的级别,鉴定可分为国家级、省部级、市级、县(区)级、校级。鉴定单位级别越高,对成果的评定标准也就越高

3. 行政部门评审

行政部门评审一般是由某一级行政部门成立有权威性的、成员相对稳定的教育研究成果委员会来实行的。为保证评审结果的科学性、严肃性和权威性,应严格挑选参评专家,避免由行政机构代替专家做出决定。

(二)评价方法

对教科研成果进行评价的方法是一个内容丰富的系统,主要有定性评价与定量评价两类。

1. 定性评价方法

定性评价主要是根据评价标准对研究成果所做的评语式的鉴定。在鉴定的过程中,首先要认真阅读研究的所有资料,包括研究计划、研究工作笔记、研究的原始资料、研究论文或报告等,充分地掌握研究过程发展变化的信息。对一些应用性成果进行评审时,还应广泛接触并听取各类参与研究人员对研究的意见。其次,要充分地掌握与成果相关的理论和相关研究工作的进展与成就。最后,应自觉地克服各种主观因素的影响,力求结论公正。结论表述力求文字准确、具体、条理清晰,在肯定研究成绩的同时,指出不足或进一步研究的方向。

2. 定量评价方法

定量评价是利用事先编制的学前教育科学研究成果评价指标体系,通过数量化的评价方法来判定学前教育科学研究成果的质量和价值。由于学前教育科学研究成果往往表现为一种精神产品,其作用的发挥具有长期性和隐蔽性,再加上教育科研过程复杂,对其成果的价值进行精确的量化存在各种困难,因此这种评价方法处在探索与完善过程之中。

(三)评定程序

研究成果评定的一般程序是:首先,由研究者向课题立项单位提出鉴定申请,填写成果鉴定表。成果鉴定表的内容主要有研究目的、研究过程、成果形式、创新之处、发表采用情况等。其次,聘请专家成立成果鉴定组,将准备鉴定的材料寄送有关专家。最后,实施鉴定。不论是通信鉴定还是会议鉴定,专家都要写出个人鉴定意见或评定的等级,鉴定组组长汇总后作出鉴定结论。

研究成果的评定或多或少带有权威性,通常上级评定下级,学术水平高的评定学术水平低的。

思考与练习

1. 学前教育科学研究成果的评价及意义是什么?
2. 学前教育科学研究成果有哪些基本条件?
3. 学前教育科学研究成果评价内容是什么?
4. 试述学前教育科学研究成果评价的方式、方法。

练习题

1. 科学研究的基本特点是(　ABCD　)

A. 效益性　　　　B. 客观性

C. 正确性　　　　D. 创新性

答案解析:研究成果应具有正确性、客观性、创新性、可读性和效益性等条件。

2. 关于科研论文的学术性,不包括(　C　)

A. 研究的科学性　　　　B. 内容的专业性

C. 方法的创新性　　　　D. 读者的专业性

答案解析:学术性指一篇科研论文应具有一定的学术价值。主要体现在以下3方面:①研究的科学性,科研论文报道的研究结果真实可靠,且具有可重复性;②内容的专业性,科研论文内容应具有很强的专业属性,不能是经验、事实的堆砌;③读者的专业性,科研论文的读者群绝大多数是具有一定学术水平和专业知识的科技人员。

3. 学前教育科学研究成果评价的内容有哪些?

答案解析:①研究目的的评价;②研究过程的评价;③研究结果的评价;④研究条件的评价。

思考与实训

思考:

通过本章的学习,你知道怎样进行学前教育科学研究成果的表述了吗?学前教育研究应具备哪些基本特征?学前教育研究成果的表述形式有哪些?研究报告和研究论文有什么区别?学前教育研究成果的评价内容有哪些?

实训:

通过对幼儿教育实践的观察和思考,提出一个有价值的研究选题,并撰写一份研究报告。

推荐阅读

[1]杨世诚，李培胜，隋立国等.学前教育研究方法[M].第二版.北京：科学出版社.2011.

[2]王彩凤.庄建东.学前教育研究方法[M].北京：北京师范大学出版社.2011.